LA CLESSIDRA

La leggenda della Clessidra

Cosa è la Clessidra? E chi sono i Sette Dormienti? Tutto ciò che ne sappiamo risale a un'antica leggenda che comincia così: un giorno sette ragazzi e il loro cane si presentarono alla corte di un giovane re e...

– Sire – disse il più forte dei sette, che si chiamava Megaferne – abbiamo un dono per voi.

Inchinandosi, gli porse una clessidra di cristallo.

Era un oggetto magnifico, formato da una goccia di cristallo giallo e una di cristallo azzurro, con un minuscolo forellino là dove combaciavano. Nella goccia gialla c'erano pochi granelli di sabbia finissima; quella azzurra, invece, era quasi piena.

– È bella. Ma perché la sabbia non scorre? – domandò il re, dopo averla capovolta.

– Perché non è un semplice orologio a sabbia, sire – rispose la più saggia dei sette, che si chiamava Febe – ma è la memoria del mondo.

Il re non capì.

– Nella goccia azzurra... – spiegò il più carismatico dei sette, che si chiamava Agasia – si trova tutto ciò che è stato dimenticato... una storia dimenticata per ogni granello. Nella goccia gialla, invece, ci sono le storie che sono ricordate.

Il re alzò l'orologio a sabbia e lo guardò controluce.

– Ma non è possibile! – esclamò. – Vi sono pochi granelli nella parte gialla. E... ve ne è un'infinità in quella azzurra!

– Questo perché... – disse il più geniale dei sette, che si chiamava Pigrete – nell'epoca in cui viviamo abbiamo perduto la memoria. Il vostro regno vive senza conoscere il suo passato...

– Ah! Il passato! – esclamò il re. – Ricordare il passato è solo una perdita di tempo!

– Non è vero, sire – intervenne il più coraggioso dei sette, che si chiamava Leonte. – Non è una perdita di tempo. Il passato è sentimenti, sogni, meraviglie! Ed è passioni, conquiste, viaggi!

Il re, pensieroso, posò la clessidra accanto a sé.

– Chi siete, voi? E perché siete venuti qui?

– Siamo i Sette Dormienti – rispose la più bella dei sette, che si chiamava Calliope. – Siamo coloro che tengono viva la memoria del mondo. Il nostro compito è far risalire i granelli di sabbia dalla goccia azzurra a quella gialla.

Il giovane re sorrise.

– È così importante? Che cosa succederebbe se, invece, tutti i granelli passassero nella goccia azzurra?

– Senza memoria, senza passato... il mondo finirebbe – rispose il più veloce dei sette, che si chiamava Serapione.

Il re si alzò di scatto dal trono ed esclamò: – E un compito così importante è affidato a sette ragazzi? Come potreste riuscirci?

Rispose Megaferne: – Con l'aiuto di molte persone. Noi li chiamiamo i Custodi della Clessidra. Anno dopo anno, secolo dopo secolo, dobbiamo cercare qualcuno disposto ad ascoltarci.

– Siete apparsi ad altri re, prima di me?

Rispose Febe: – A moltissimi. A re, mercanti, soldati. A uomini e donne, di ogni tempo e di ogni Paese: ci manifestiamo ogni volta che è necessario.

Il re sollevò un sopracciglio. – Immagino, quindi, che viviate a lungo...

Rispose Agasia: – È così: non invecchiamo e non abbiamo bisogno di mangiare né di bere. E non dormiamo ogni notte, come voi... Il nostro sonno è molto più pesante: è un sonno di pietra.

– Sonno di pietra? – domandò il re, afferrando la clessidra tra le dita.

Rispose Pigrete: – Possiamo rimanere svegli anche cent'anni di seguito, ma quando il nostro compito è terminato, dobbiamo dormire. E durante il nostro sonno ci trasformiamo in statue di marmo che nessuno può scalfire né danneggiare.

– Siete dunque... sette immortali?

Rispose Leonte: – No, sire. La morte è in agguato anche per noi! Quando siamo svegli, siamo come gli altri uomini e, come loro, possiamo essere uccisi.

Il re li guardò: era stupito, incuriosito e, forse, un poco spaventato. Alzò la clessidra di cristallo e domandò: – Perché mi avete portato questa?

– Perché vogliamo che voi ci aiutiate.

– In che modo? Vi servono denari? Soldati? Castelli?

– Nulla di tutto questo. Sedete e ascoltate una delle nostre storie. Al termine, vedrete con i vostri occhi un granello di sabbia risalire dalla goccia azzurra a quella gialla.

Il re indugiò, infine si sedette.

– Va bene – disse – ascolterò.

E la storia iniziò...

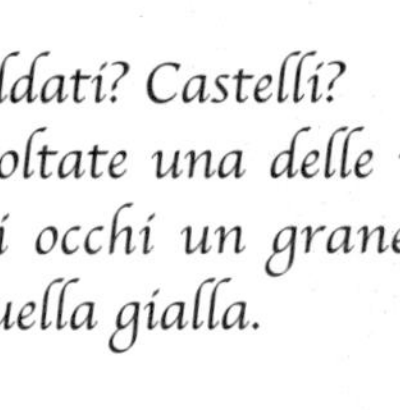

P.D. BACH

IL MISTERO DELL'EVEREST

Al cielo ci si sale
con le mani
L. Pauwels

ISTITUTO GEOGRAFICO
DeAGOSTINI

Al confine tra Nepal e Tibet si erge la catena montuosa più alta del mondo, l'Himalaya: il monte Everest (8847m) è la sua cima più elevata.

Il mattino del 24 giugno 1924 due uomini provarono a conquistarla. Chi può sapere con certezza se Mallory e Irvine sono riusciti nell'impresa?

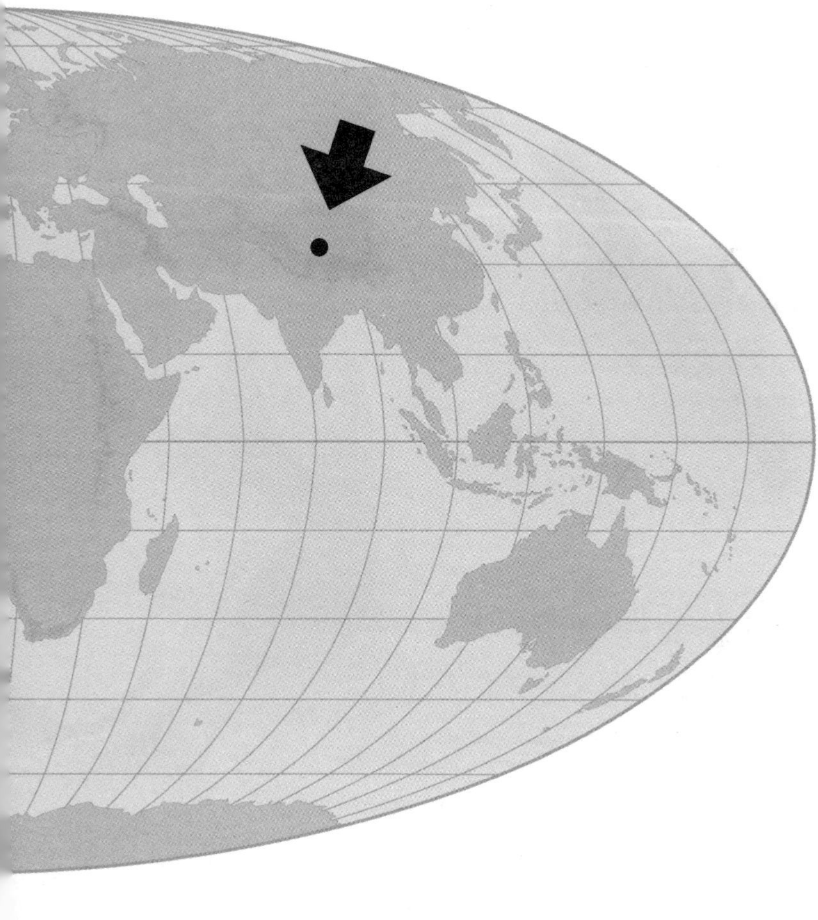

Coordinamento editoriale: Alessandra Gnecchi Ruscone
Coordinamento redazionale: Daniela Majerna
Segreteria di redazione: Tiziana Campana
Coordinamento tecnico: Roberto Ghidoli
Editing: Francesca Pinchera
Progetto grafico: Drago e Associati
Illustrazioni: Paolo d'Altan

141656
ISBN 88-418-0216-2

www.deagostini.it
Redazione: via Montefeltro 6/A – 20156 Milano

Stampa: Industrie per le Arti Grafiche Garzanti Verga S.r.l.
Cernusco sul Naviglio (MI) - 2002

I

TRÜLKU, LA REINCARNAZIONE*

(Norwich, Inghilterra, ottobre 2000)

* I titoli dei capitoli sono traslitterazioni dal tibetano, seguiti dalla traduzione italiana

– Guarda che cosa fantastica ho trovato! – Jori, mentre cammina, sventola davanti agli occhi di Alan un foglio giallo, tutto spiegazzato. Alan gli dà a malapena un'occhiata, impegnato com'è nella difficile impresa di scartare un croccante dalla confezione.

– E sarebbe?

Jori si guarda intorno come se fosse spiato e spiega: – È un bando di concorso di grafica digitale del Magdalene College di Cambridge. Devi collegarti in Internet al loro sito e scaricare una specie di fotografia, da modificare a tuo piacimento con il computer... Alan? Ma mi stai ascoltando?

– Fantastico! – esclama Alan, qualche passo più indietro. Dalla sua confezione di croccante è uscito un pezzo di plastica rosa. – Una gomma morbidosa!

– Alan, ascoltami! Il concorso scade il prossimo lunedì... non abbiamo molto tempo...

– Whom... whom... whom... – Alan raggiunge Jori schiacciando tra le dita la sua nuova gomma per cancellare.

Jori svolta deciso sul marciapiede, seguendo la linea della cancellata nera che delimita il parco della scuola. Infila il foglietto giallo nella tasca del cappotto, aggiustandosi lo zaino sulle spalle. E aggiunge: – Il primo premio è di 1000 sterline!

Alan smette di giocherellare con la gomma, guardandosi intorno come se si fosse svegliato solo adesso. Stanno an-

dando a scuola, come tutte le mattine. È venerdì e manca un quarto d'ora all'inizio delle lezioni. Gli alberi neri dei viali hanno perso quasi tutte le foglie, come sempre in autunno. Le foglie, gialle e rosse, sono state ammonticchiate ai bordi della strada. Come sempre.

– MILLE STERLINE, hai detto? – Alan corre verso l'entrata della scuola, inseguendo Jori e il suo foglietto giallo.

Durante il pomeriggio, i due si piazzano davanti al monitor del computer di Alan. C'è un'immagine scura, con qualche macchia colorata qua e là. Sembra tutta sfuocata e strappata. Non si capisce che cosa sia.

– Senti, Jori, forse è una specie di scherzo! – dice Alan. – Non si può combinare niente con questa foto. È solo un ammasso nero con qualche luce!

– Non è nera, Alan, è un'immagine molto scura in bianco e nero. È solo che... – Jori si avvicina al monitor, poi ci gira intorno. – Solo che... non capisco che cosa dobbiamo fare.

– Rileggi il bando del concorso – suggerisce Alan, buttandosi sul letto.

– ...creatività nella manipolazione dell'immagine... utilizzate qualunque programma di foto-ritocco, qualunque effetto e qualunque soluzione... poi inviate la vostra immagine modificata al seguente indirizzo e-mail... bla bla bla. Non c'è altro.

Per qualche istante, Alan guarda i poster di videogiochi appesi alle pareti della sua camera da letto. – Forse l'abbiamo scaricata male. Forse il modem non funziona.

Jori scuote il capo. No, l'immagine è quella. Nessun errore.

Alan si rotola sul letto, mugolando. – Jori, io sono stufo: penso che andrò a mangiare.

– No, Alan! Proviamo a usare qualcuno dei tuoi programmi... magari...

– Ci sentiamo domani, Jori. Non me la sento proprio.

– Ok. Allora vado. – Jori si copia l'immagine sopra uno zip-disk, spegne il computer ed esce dalla casa di Alan. – Ci sentiamo domani.

Lungo il viale che porta a casa sua, guardandosi intorno, ha un'improvvisa intuizione. Il pallido sole di Norwich ha formato, tra i rami, alcuni cerchi di luce che gli ricordano i segni dell'immagine misteriosa. Che quelle macchie indistinte siano alberi?

Corre a casa e, dopo un rapido saluto ai suoi, carica il miglior programma di grafica che sappia usare: si chiama Paint Shop Pro.

La foto compare sul monitor. Jori si passa le mani nei capelli, come per darsi la carica, poi fa un profondo respiro.

– A noi due, bella.

La notte trascorre veloce. Jori, davanti al computer, lavora sulla foto cambiandone di continuo la luminosità, i colori, i contrasti, ruotandola, capovolgendola e modificandola pixel per pixel. Le prime ore trascorrono senza alcun risultato, ma lui non si scoraggia. Mentre la notte avanza, nella camera da letto di Jori il PC continua a ronzare.

I suoi genitori dormono tranquilli, convinti che Jori sia andato a letto da un pezzo.

Verso mezzanotte, una faccia sembra emergere dall'oscurità della fotografia: un uomo barbuto. Jori rabbrividisce. Poi decide di continuare. Scopre che ci sono altri uomini, in quell'immagine. Uomini che lo stanno guardando. Uomini vissuti tanti anni prima.

Riquadrando i dettagli, ingrandisce e definisce i contorni. Gli sembra di essere come Harrison Ford, nel film Blade Runner, *quando trova gli indizi per catturare i replicanti nei riflessi di una fotografia.*

Comincia a parlare ad alta voce, mentre le sue mani digitano automaticamente i comandi e guidano il mouse: – Zoomma 10-22. Ruota. Rosso in verde. Livello. Retinatura. – *Una alla volta, dalla fotografia emergono le sagome di otto persone.*

Ma ce ne sono altre, in attesa di essere scoperte.

– Magnifico – dice Jori respirando affannosamente per l'emozione.

Il giorno dopo, Alan passa a chiamarlo sotto casa. Jori si è addormentato davanti al computer. Si sveglia: sul monitor, una schermata gli comunica che l'ultima e-mail inviata è stata ricevuta con successo. Nella stampante c'è una fotografia sgranata. Ritrae una trentina di persone, in posa per lo scatto. Quasi tutte con il cappello.

Jori afferra la foto, ficca due libri a caso nello zainetto e raggiunge Alan in strada. Ancora un po' assonnato, gli riassume quello che è riuscito a fare durante la notte.

Alan prende in mano la fotografia, stupito. – E questi chi sono?

Jori si stringe nelle spalle. – Non lo so, ma penso che il concorso...

– Almeno sei riuscito a mandarla?

– L'ho mandata questa mattina alle cinque. Non ho chiuso occhio, tutta la notte, ma...

– Bene. – Alan prende dalla tasca dello zaino una confezione di croccante al cioccolato. – Benissimo.

I giorni passano inesorabili e, a poco a poco, Jori si convince che il concorso sia andato male. Tre settimane dopo, però, trova una busta gialla nella buca della posta. Sulla busta c'è uno stemma a riquadri gialli e blu. È lo stemma del Magdalene College, di Cambridge.

Jori, tremando, la apre e strappa tutto il bordo in alto. Dentro c'è una lettera, che inizia così:

Carissimo signor Jordan Raphael Noel,

Jori se la appoggia contro il maglione. È per lui. È davvero per lui. La guarda di nuovo: salta le prime frasi... la legge il più velocemente possibile.

...siamo lieti di invitarla a ritirare il premio, mercoledì 24, corrente mese, presso il Magdalene College, alle ore 11.30...

– Accidenti! – mormora Jori facendo un rapido calcolo con le dita. – Martedì... mercoledì c'è il compito in classe di inglese... – Senza neppure accorgersene, ha cominciato a correre su per le scale.

«Alan mi deve coprire... devo... forse...» Una nube di pensieri comincia a vorticargli in testa. Apre la porta di casa pensando solo al Magdalene College e a come fare per arrivare a Cambridge.

– Ciao Jori, com'è andata oggi a scuola? – gli domanda sua madre, dalla cucina. Nell'aria c'è un odorino invitante.

– Bene – risponde lui. Butta lo zaino per terra e, sempre con la lettera in mano, telefona ad Alan.

– È il 24. Non c'è scritto che cosa ho vinto, questo no – ripete Jori per l'ennesima volta. Poi controlla l'orologio: il primo pullman da Norwich a Cambridge, della Cambridge Coach Services, parte alle 9.15. Arriva a Cambridge verso le 11.20.

– Piantala, Jori! – scherza Alan. – Se ti hanno chiamato è perché... Ma pensaci: 1000 sterline! Come le spenderai?

– Magari le avessi vinte. – Jori si specchia in una vetrina: si è messo la giacca blu e, sopra, si è infilato il giubbotto, perché sua madre non se ne accorgesse. E poi fa freddo, e con il giubbotto si sta più al caldo.

I due ragazzini arrivano a un grande incrocio. A sinistra si va verso la scuola, a destra in direzione della stazione dei pullman. Si guardano.

– Ok, allora – dice Jori. – Ricorda che oggi sono da te tutto il giorno a studiare.

– Ci penso io.

– Grazie, Alan.

Alan si guarda intorno. – Hai tutto? Orari, cartine?... – Jori si fruga nelle tasche, poi annuisce. Si è scaricato tutto dalla rete.

– Allora forza e coraggio, gigante! – Alan gli dà una pacca sulla spalla.

– Scappa lontano, folletto! – gli risponde Jori, restituendogliela. È il loro saluto segreto.

Alla stazione dei pullman Jori ha paura che qualcuno lo

riconosca e gli domandi perché non è a scuola. Così si tiene un libro dritto davanti alla faccia, fingendo di leggere. Ma se incontrasse uno dei suoi professori? O sua zia, che è sempre in viaggio?

Si sforza di leggere qualche pagina del libro, ma non ci riesce. C'è tanta gente ferma lungo i marciapiedi ad aspettare i pullman, e Jori se ne sta appoggiato a un pilone di sostegno, rigirandosi il biglietto tra le dita. Non è mai andato così lontano da casa ed è un po' spaventato. Comincia a ripassare sottovoce tutte le fermate: Wymondham, Attleborough, Tethford, Brandon... Mildenhall... No. Prima c'è Lakenheath e poi... poi... che cosa c'è, dopo?

– Newmarket, in High Street – gli suggerisce una voce, accanto a lui. Jori si volta di scatto.

Alla sua destra c'è un ragazzo piuttosto alto. Ha i capelli castani scuri, pettinati all'indietro e la riga in mezzo. Ha gli occhi chiari, il naso molto affilato e la bocca simpatica. Porta un maglione di lana a collo alto, un giubbotto stretto e un paio di pantaloni di velluto a coste. Ai piedi, lucidissimi mocassini di cuoio.

Vedendo Jori interdetto, il ragazzo sorride. – Hai chiesto che cosa c'è dopo Mildenhall. C'è Newmarket... e poi Cambridge – dice.

Jori lo ringrazia, ma il ragazzo sembra intenzionato ad attaccare bottone.

– Che cosa stai leggendo?

Jori volta il libro. – È un libro di fantascienza – risponde. – Si chiama: Lontano dal pianeta silenzioso...

– Ah, bellissimo! Lewis è uno dei miei autori preferiti.

– Lo conosci?

– E come no? Clive Staples Lewis... l'eterna lotta del bene contro il male: è stato una specie di papà della fantascienza e ha studiato proprio a Cambridge, al Magdalene College.

– Davvero? – Jori, spostando lo sguardo, si accorge che il ragazzo è accompagnato da una bionda mozzafiato. Alta, con un viso armonioso, gli occhi verdi e chiarissimi, i lunghi capelli simili a quelli di una fata. – A... a... andate a Cambridge anche voi? – domanda, rosso in viso, balbettando.

– Ah ah... – risponde il ragazzo. – E tu?

– Sì, ci vado per un concorso fotografico. – Aprendo il libro, Jori mostra la sua fotografia.

Il ragazzo la prende in mano, fa una faccia strana e poi esclama: – Ma non è possibile! Febe, guarda questa foto!

La ragazza bionda si sporge a guardare la foto e Jori sente il bisogno di giustificarsi. – È... era tutta rovinata: l'ho scaricata da Internet per il concorso e poi l'ho stampata.

La ragazza sembra ancora più stupita del ragazzo. – Agasia... è incredibile! – esclama.

Agasia deve essere il nome del ragazzo. Febe quello di lei. Che nomi bizzarri!

– Anche voi andate a Cambridge per la foto?

– No, no – risponde Agasia restituendogli l'immagine. Sul suo viso, adesso, c'è un'ombra di tristezza. – È solo che è passato molto tempo… e rivederla in questo modo mette i brividi. Soprattutto rivedere George.

Jori sgrana gli occhi. – Conoscete… conoscete gli uomini della fotografia?

– Altroché: ci ho vissuto insieme per sei mesi… – spiega Agasia. – Mallory, Irvine, Norton, il generale Bruce… Se vuoi ti posso dire tutti i loro nomi. E poi ci sono anch'io: proprio seduto alla sinistra di George Mallory. Si vede solo il cappello. Ecco, questo qui. – Jori fissa la foto con gli occhi sbarrati. C'è qualcosa che non gli torna.

– Mi prendi in giro! – esclama. – Tu sei giovane, mentre questa foto è vecchia! Molto vecchia, anzi…

– Sta arrivando il pullman – osserva Febe, con noncuranza. La discussione si ferma per qualche minuto; senza dire una parola, i tre vanno ad accomodarsi nei sedili in fondo, con Jori in mezzo.

– Dunque, stavamo dicendo…

– Mi stavi prendendo in giro.

Agasia annuisce. – Se ne hai voglia, nelle due ore di tempo che ci separano da Cambridge, potrei raccontarti la storia di questa fotografia. – Riprendendola in mano, sembra raccogliere le idee. – Era il 1924, quasi ottanta anni fa, quindi, e fu scattata in una città indiana chiamata Darjeeling, dal capitano John Noel in persona.

– Ma in realtà questo viene dopo... – sorride Febe, intromettendosi nella conversazione – ...perché tutto iniziò quando un ragazzo inglese chiamato George Leigh Mallory scoprì di amare tanto la montagna...

Jori decide di non interromperla: è chiaro che quei due ragazzi vogliono divertirsi a sue spese, ma sono persone molto interessanti.

E, soprattutto, sembra che conoscano davvero la storia di quella fotografia.

II

TSCHILINGPA, LO STRANIERO

(New York, gennaio 1923)

George Leigh Mallory sbarcò negli Stati Uniti in una fredda giornata di gennaio. Era alto un metro e ottanta, aveva 37 anni, ma sembrava molto più giovane grazie al fisico atletico, energico e agile.

Era il 17 gennaio 1923. Mallory era stato invitato a tenere una serie di conferenze da un certo signor Keedick, che gli aveva preparato un fitto calendario di incontri con il pubblico.

Scendendo dal transatlantico *Olympic* della compagnia White Star, Mallory cercò Keedick tra la folla di persone che si accalcava lungo la banchina e, quando l'ebbe individuato, lo salutò calorosamente.

– Per lei sono disposto a salire fin dentro le nuvole, signor Keedick... – gli spiegò, mentre si allontanavano in direzione dei parcheggi, da dove, tra fumi e vapori, si lasciavano gli imbarchi – ...ma non voglio trascorrere un giorno di più su quella maledetta bagnarola!

Il signor Keedick sorrise, facendolo accomodare in un taxi giallo dalla sagoma tondeggiante.

– Waldorf Astoria Hotel, per favore – ordinò il signor Keedick al tassista. Si accomodò sul sedile e cominciò a chiacchierare con il suo ospite.

– Guardi! – disse il signor Keedick, indicandogli un muro tappezzato di manifesti. – Sono i manifesti che annunciano la sua conferenza.

Mallory seguì l'indicazione e riuscì a leggere solo qualche parola:

> L'uomo che è salito più in alto… l'avventura dell'Everest… George Mallory: il più grande scalatore di tutti i tempi.

E sentì immediatamente il cuore farsi più grande: lo emozionava l'idea di incontrare un pubblico di ammiratori, laggiù, a migliaia di chilometri dall'Inghilterra, nella più grande delle città americane… per distrarsi, si concentrò su ciò che vedeva scorrere fuori dal finestrino. Il vento freddo che soffiava dal mare rendeva tersa l'aria di New York. Infagottati nei pesanti cappotti di lana, i newyorchesi camminavano svelti lungo i marciapiedi, tra le macchine parcheggiate malamente e i moltissimi cantieri agli incroci più importanti.

– Deve perdonarci i disagi, signor Mallory… – gli spiegò il signor Keedick, accennando agli operai. – Ma sembra che il nostro nuovo sindaco abbia grandi progetti per la città.

– Disagi? – disse, stupito che un'attesa di qualche minuto in una macchina confortevole potesse essere considerata un disagio. – Non si preoccupi, signor Keedick. Nessun disagio.

E, sorridendo, appiccicò il viso al vetro gocciolante d'umidità, ripensando all'anno precedente, a quando il vento gelido dell'Himalaya ululava attorno a lui, in una tormenta di neve. A quando il suo compagno di spedizione, Finch, lo scalatore australiano, lo voleva costringere a caricarsi sulle spalle quindici chili di bombole per l'ossigeno. «Quelli sono disagi, signor Keedick!» pensava, ma non disse niente.

Poi un ricordo irruppe violentemente nei suoi pensieri e Mallory sussultò, staccandosi dal finestrino. La valanga, il crepaccio. Il vuoto assoluto.

– Si sente bene, signor Mallory?

Accanto a lui, Keedick lo guardava preoccupato.

– Certamente. Va tutto bene... È solo che... – La valanga... e quell'eterno salto nel vuoto. A volte si svegliava nel cuore della notte, quando ci pensava. – ...è solo che a volte, l'Everest torna a farmi visita.

Keedick sorrise debolmente. Rimasero zitti fino all'hotel, quando George si accorse di aver dimenticato sul transatlantico tutte le sue valigie.

– Sul transatlantico? – Sul pullman diretto a Cambridge Jori scoppia a ridere. – Ma come si fa a dimenticarsi le valigie sul transatlantico?

– Ah... – mormora Agasia. – Mallory era fatto così, era imprevedibile. Ed era questa sua imprevedibilità a farne un vero personaggio.

– È vero – conferma Febe. – Quando George sbarcò in America era un personaggio molto famoso, almeno nel mondo degli alpinisti.

– E dire che la sua passione per la montagna era nata quasi per caso, durante una vacanza-premio organizzata dal suo College...

– E come successe? – domanda Jori, incuriosito.

Il Monte Bianco non era come le vette del Galles: era una vera montagna. George si fermò nel centro esatto del ghiacciaio, fissando la schiena dei suoi compagni di cordata. In testa c'era il suo professore, che camminava curvo, sotto il peso dello zaino. Di tanto in tanto si fermava per incitarlo a proseguire: dovevano raggiungere il rifugio prima che la tormenta di neve li raggiungesse.

Erano tutti affaticati, tranne George. Aveva camminato per ore nel bianco abbacinante della neve, si era arrampicato tra i crepacci con un equilibrio che aveva un non so che di magico, come se fosse cresciuto tra quei canaloni. Poi il sole si era oscurato di colpo, coperto da nuvole grigie che sembravano galoppare, e si era alzato un vento gelido. Proprio il vento l'aveva fatto fermare. Era tagliente e freddo, ma sembrava portare con sé una specie di richiamo. Un suono basso, che scendeva dalle creste ghiacciate. Era come il canto della montagna. George si guardò intorno, ascoltò. Sentiva qualcosa di suo, che lo chiamava di continuo.

Quando il richiamo cessò, di colpo come era cominciato, George corse sulla neve dietro agli altri. Non disse una parola, entrò nel rifugio e si scaldò le mani stringendo tra le dita una tazza di tè bollente.

Venne sera e il vento fuori dal rifugio ricominciò a cantare. George si piazzò a ridosso della porta d'ingresso, cercando di ascoltare ancora quello strano canto.

– Tutto bene, George? – gli domandò il professore che aveva organizzato la spedizione.

– Tutto bene, sì.

Il professore gli si sedette accanto.

– Oggi sei salito come uno stambecco – continuò. – Sapevi già come mettere le mani, come tirarti su, come e dove passare. Sei sicuro che nessuno ti abbia mai dato lezioni di alpinismo, prima d'ora?

– Sicuro, professore. È la mia prima vera escursione...

– Se il vento non smette, la tempesta potrebbe tenerci rinchiusi qui dentro per un paio di giorni...

– Questo vento è magnifico, professore – rispose George, con gli occhi lucidi per l'emozione.

Il professore capì che quel ragazzo aveva un legame del tutto personale con la montagna.

E, anni dopo, lo capirono anche gli *sherpa* tibetani, quando trovarono Mallory seduto in cima a una parete di roccia, mentre fumava tranquillamente la pipa incurante del pericolo di cadere di sotto.

E così lo dipinsero sui muri di un monastero e, sotto, scrissero: *Kangmi*. "L'uomo delle nevi".

Al ritorno in Inghilterra dopo la gita sul Monte Bianco, il professore scrisse di Mallory a Sir Geoffrey Winthrop Young, uno dei più grandi pionieri dell'alpinismo inglese. Young accettò di fare qualche piccola uscita con questo ragazzo così particolare e gli bastarono poche occhiate per rendersi conto di avere a che fare con uno scalatore istintivo, naturale.

– È impossibile ricordare a memoria i nomi di tutti gli alpinisti del mondo – era la frase che amava ripetere – ma per ricordarsi solo quelli buoni bastano le dita di una mano. – Quando conobbe Mallory, però, aggiunse: – E ora, signori, ho bisogno anche dell'altra mano.

Mallory continuò gli studi che l'avrebbero portato a diventare un insegnante, ma non smise mai, neppure per un momento, di pensare alle sue arrampicate. Grazie a Sir Geoffrey Winthrop Young entrò a far parte dell'Alpine Club, la più importante associazione inglese di alpinismo.

– Io nell'Alpine Club? – si era schermito Mallory, perplesso, quando Geoffrey gli aveva proposto la cosa. – Non penso di averne le qualità. Il mio è solo un hobby.

– George... – gli aveva risposto Sir Young – non trovo giusto definire hobby quella che ai tuoi compagni di scalata è invece sembrata "una smisurata passione per le scalate accompagnata da un'impareggiabile tecnica di salita".

Mallory accettò l'invito e, da quel momento, entrò a far parte del club che voleva conquistare il tetto del mondo.

La sede dell'Alpine Club occupava tutto il primo piano di un bel palazzo vittoriano. Era un ambiente elegante, composto da tante sale riccamente arredate. C'erano tavolini di legno circondati da comode poltrone, scaffali di libri e giornali ordinati per zone geografiche, scatole piene di sigari, mappe appese alle pareti con i ritratti dei fondatori e dei soci più famosi del club. Era un luogo caldo, accogliente, in cui si poteva discutere di tutto e di tutti.

Un giorno Arnold Lunn, un uomo dal viso appuntito, appassionato di sci, lesse un articolo sulla rivista ufficiale del club. Parlava di George Mallory.

– Questo ragazzo ha talento – disse, porgendo il giornale a Sir Winthrop Young. – Ma è la persona più confusionaria e distratta con cui mi sia mai capitato di scalare.

Young lesse l'articolo in silenzio, poi, versandosi un dito di brandy nel bicchiere, commentò: – È anche la persona più straordinariamente sincera che abbia mai conosciuto. È un puro, Arnold. Uno che scala le montagne come se dovesse raggiungere la terra promessa. Come se sulla cima ci fosse il Graal.

Arnold Lunn non poté trattenere una risata. – Il Graal, Sir Young? E chi sarebbe Mallory? Una specie di re Artù?

Sir Young pensò un po' prima di rispondere. – No, carissimo: lui è una specie di Galahad, il cavaliere senza macchia. È impetuoso, libero. È la splendida personificazione della gioventù.

Agasia interrompe il suo racconto, mentre il pullman si ferma nella cittadina di Wymondham.

– Eppure ho come l'impressione di aver già sentito questo nome... Arnold Lunn... Ma dove? – si domanda Jori, guardando fuori dal finestrino.

– Arnold Lunn è considerato l'inventore delle gare di sci e dello slalom con le bandierine – gli spiega Febe. – E, quindi, dello sci moderno.

– Piuttosto... – dice Agasia – ...tu sai che cosa è il Graal, vero?

Jori annuisce. – È la coppa in cui fu raccolto il sangue di Gesù... quando fu ferito sulla croce. Era dotata di poteri magici e i cavalieri della Tavola Rotonda lo cercavano per quello. Sir Galahad era uno di loro e fu lui a trovare il Graal. Ma... – Jori fa un sorrisetto – ...in televisione ho visto che lo trova Indiana Jones e...

– ...e forse è meglio che riprenda la storia di George in America, cosa dici? – lo interrompe subito Febe, sorridendo.

– Va bene!

– Me l'avevano detto che era molto distratto! – scherzò il signor Keedick, mentre tornavano al porto per recuperare le valigie di George. – Ma le capita anche in montagna, di dimenticarsi lo zaino?

– Altroché – rispose George. – E anche gli scarponi.

Quando pensava all'Everest, la catena di monti innevati dell'Himalaya, era in grado di dimenticarsi qualsiasi cosa.

– È per questo che la chiamano... Sir Galahad?

Mallory sorrise, scuotendo la testa. – No, quello è un nomignolo che mi diede un amico. Mi è rimasto da quando organizzammo la prima spedizione sull'Everest.

– E come vi venne in mente, di andare sull'Everest?

– Arrivò un telegramma – rispose Mallory. – Arrivò proprio all'ora del tè, come tutte le cose importanti. Quel giorno c'eravamo tutti, un po' per caso, un po' perché c'era la sensazione che stesse per accadere qualcosa. Mi ricordo che sul tavolo, al centro della sala in cui si tenevano le conferenze, era srotolata una gigantesca mappa dell'Asia, una di quelle dettagliatissime dei colleghi della Royal Geographical Society. Quando arrivò il telegramma il primo a leggerlo fu Arnold Lunn. Diceva così:

> Confermo le triangolazioni svolte nel 1852. Il Picco XV è il più alto del mondo: le nuove rilevazioni lo pongono a 8839 metri. Si sollecita una ricognizione esplorativa.

Era stato inviato da un nostro uomo che lavorava sull'Himalaya, il generale Bruce. Il Picco XV. La montagna più alta del mondo. Quando Lunn lesse il telegramma a voce alta, un brivido percorse la sala.

Noi inglesi avevamo appena concluso due spedizioni disastrose. Avevamo provato a conquistare prima il Polo Nord, poi il Polo Sud, e avevamo fallito in tutti e due i casi. L'americano Peary aveva raggiunto per primo il Polo Nord e il nostro Scott aveva lasciato al norvegese Amundsen il Polo Sud. Ora quel telegramma ci apriva una terza possibilità. Un "terzo polo", se così possiamo chiamarlo. Un terzo polo che in Tibet era conosciuto come *Chomolungma*, che significa: "la Dea Madre del Mondo". In Occidente noi lo chiamiamo Everest, dal nome del nostro connazionale George Everest, che fu tra i primi a segnarlo su una carta. Quel telegramma, più che una richiesta, sembrò a tutti noi una specie di ordine.

– E naturalmente voi foste entusiasti di obbedire! – commentò Keedick.

– Be', qualcuno osservò che c'era bisogno di fondi, per inviare una spedizione come si deve, e altri dissero che dovevamo chiedere i permessi per attraversare il Tibet. Ma era scontato che tutti erano dell'idea di buttarsi nell'impresa. Restava il problema più spinoso: scegliere chi avrebbe partecipato alla spedizione. Fu allora che Sir Young, guardandosi intorno, propose di affidare l'incarico a… Sir Galahad.

– Cioè a lei – disse Keedick.

– Già. Fu così che venne convocata la prima riunione del Comitato per l'Everest. Vennero organizzate due spedizioni: la prima nel 1921, la seconda l'anno successivo. E in tutte e due, c'ero io.

III

DUNKHANG,
LA SALA DELLE RIUNIONI

(Harvard, febbraio 1923)

Recuperate le valigie, George cominciò il suo ciclo di conferenze: andò a New York, a Washington, a Philadelphia... e, in febbraio, all'Università di Harvard. Io, Febe, ero tra gli studenti ansiosi di conoscere quell'uomo di cui tanto si parlava. Per i ragazzi dell'Università, Mallory era un eroe: una specie di faro luminoso, nel grande buio degli uomini di quell'epoca oscura.

Quando Mallory entrò nell'Aula Magna dell'Università, si trovò davanti una folla di ragazzi. Non appena lo videro, si levò un lunghissimo applauso scrosciante. George Mallory forse non si aspettava quell'accoglienza e ci salutò spalancando le braccia, come per abbracciarci. Si diresse verso il palco rialzato, accompagnato da un seguito di professori e dal Magnifico Rettore dell'Università.

Lassù erano stati disposti una lunga scrivania con alcune sedie, un grande schermo bianco e un proiettore. Mallory si sedette al posto che gli fu indicato e attese pazientemente che terminasse la presentazione. Quando gli diedero la parola, si alzò e si mise davanti alla scrivania.

– Scusate... – si giustificò, sorridendo – ma non riesco proprio a starmene seduto. Mi chiamo George Mallory, e ho partecipato alle due spedizioni inglesi che hanno affrontato la parete Nord del monte Everest. Non siamo arrivati in cima, purtroppo... ma ci siamo andati vicini!

Dalle ultime file, qualcuno cominciò a fischiare. Altri borbottarono. Qualcuno invece applaudì, già rapito da quell'insolito personaggio: dando la schiena ai professori, Mallory aveva annullato la barriera della scrivania che divideva gli studenti da chi stava lassù a parlare.

– Sono qui per raccontarvi di queste spedizioni – disse Mallory e si voltò verso il signor Keedick, che gli faceva da assistente.

Si spensero le luci e il proiettore creò sullo schermo bianco l'immagine di un monte gigantesco illuminato dal sole, da cui scendeva un serpente di ghiaccio sinuoso, simile a un fiume tagliente e spigoloso.

– Siamo passati di lì, ragazzi.

Nella sala calò un silenzio assoluto.

George ci parlò subito del lungo cammino che avevano fatto per raggiungere l'Everest.

– È un'impresa estenuante. Nessuno immagina che per raggiungere l'Everest occorra partire dalle giungle della pianura indiana. Si passa dal caldo torrido al gelo, da alberi intricati, zanzare, sudore continuo… al nulla. A mano a mano che si sale nel cuore dell'Himalaya, gli alberi si diradano. Rimangono solo prati di erba spelacchiata, e poi solo rocce e ghiaia. Salite, attraversando ponti traballanti, retti solo da due corde. E una volta che iniziate a salire non smettete, per mesi. Quando siete lassù, la giungla al confronto vi sembra un paradiso. E la città qualcosa di irreale e lontanissimo. Lassù non c'è aria. Non si respira. È tutto più pesante. E siete già stanchissimi. Dovete percorrere sentieri spazzati dal vento. Mettervi addosso tutto ciò che vi siete portati: maglioni su maglioni, calze di lana su calze di lana. Dovete scavarvi dei gradini nel ghiaccio usando la piccozza. Si avanza su quello che sembra terreno solido e che invece, forse, è solo un sottile strato di neve che nasconde un dirupo. Impossibile dire che cosa vi aspetta al prossimo passo: il piede affonda nella neve, affonda fino al ginocchio, e non trova nulla a cui appoggiarsi. Vi trovate improvvisamente nel vuoto, appesi solo a una corda e affidati all'equilibrio di chi vi cammina dietro.

Utilizzando le diapositive, continuò a descriverci quei paesaggi, cercando di comunicare a noi, che stavamo zitti e immobili, con il cervello ancorato alle sue parole, che cosa si provasse a marciare a quelle altezze.

– Non si prova nulla, ragazzi. Lì c'è solo il freddo, pronto a ghermirvi. E la notte, a forza di sentire ululare il vento... alcuni impazziscono.

Ci fu un momento in cui io, nel caldo dell'Aula Magna, sentii dei brividi gelati. Mallory allora decise di dare una brusca sterzata alla sua conferenza: passò dalle tinte cupe a quelle più scherzose. Fece proiettare un'altra foto.

– E a proposito di pazzi – continuò – questo è il generale Charles Bruce: un tipo davvero particolare. Pensate che una sera ci giurò di aver visto fuori dal nostro accampamento un gigante coperto di pellicce, alto più di due metri. Disse anche di aver trovato le sue impronte e che erano enormi... Naturalmente non parlammo a nessuno del suo incredibile uomo delle nevi. – La fotografia cambiò. – Questo invece è il colonnello Teddy Norton. Un uomo tremendamente meticoloso, soprattutto nell'abbigliamento: canottiera di lana, camicia di flanella, giubbotto su pantaloni alla zuava di gabardine, con interno di flanella. Calzettoni al ginocchio di lana cachemire elasticizzata, casco da neve di cuoio e sciarpona di lana fatta su misura da sua madre. La madre ha solo un po' abbondato: la sciarpa gli arriva al ginocchio...

La platea rise.

– Perché lassù fa contemporaneamente freddissimo e caldissimo. Guardate questa. – Nella sala ci fu una specie di urlo, perché apparve la fotografia di un uomo completamente nudo. – E poi questa. – Ora, invece, c'erano tre uomini vestiti pesantemente, con un grosso ombrello nero, gli occhiali da neve e la faccia bianca come il gesso. – Sono sempre io, in due differenti occasioni. Nella prima avevo appena attraversato un fiume, mentre in quella che vedete... sono costretto a proteggermi dai raggi del sole con un ombrello e una buona dose di ossido di zinco spalmata sulla faccia. Il sole scotta... e fa un freddo incredibile. Proprio per combattere il freddo, uno dei più bizzarri membri della spedizione... – Mallory esitò, come se avesse qualche difficoltà a continuare – un australiano, George Ingle Finch... – comparve la fotografia di due uomini legati in cordata, che camminavano appoggiandosi a due piccozze sopra una distesa infinita di neve – ...progettò un prototipo di giacca da montagna... La vedete qui, una specie di cappotto imbottito che gli arrivava fino alle ginocchia. A sentire lui, teneva molto più caldo di una normale giacca di lana, cosa che, a mio parere, è impossibile.

– Ma è vero che Finch è arrivato più in alto di lei, signor Mallory? – urlò allora uno studente, dal fondo dell'Aula Magna.

Mallory tranquillizzò con un gesto i professori, che si erano alzati per intervenire.

– È vero – ammise. – In verticale il suo altimetro segnava 8321 metri contro i miei 8225. E in orizzontale il mio collega percorse qualche centinaio di metri in più… ma le condizioni erano diverse. – Lo sguardo di Mallory dardeggiò nell'Aula Magna, cercando il volto dello studente che l'aveva interpellato. – Innanzitutto Finch utilizzava le bombole d'ossigeno e io no. E poi io sono stato fermato… da una valanga.

Mallory fece cenno a un altro studente, che gli domandò: – A che cosa serve l'ossigeno?

Il signor Keedick, da dietro la cattedra, portò a Mallory una bombola cilindrica, alta una quarantina di centimetri, alla cui estremità si trovava una valvola circolare.

– Questa è una bombola per l'ossigeno sviluppata dai tecnici dell'aviazione inglese. Dovete sapere che le persone che salgono in cielo con i palloni aerostatici… – iniziò a spiegare Mallory – si sono accorte che, a una certa altezza, si sentono svenire. Manca l'aria, dicono. Manca l'ossigeno. In realtà, Finch ha dimostrato che la quantità d'ossigeno nell'aria rimane sempre uguale e che a cambiare è la pressione atmosferica dell'aria. Quando salite a 5846 metri… si dimezza. In cima all'Everest è ridotta a un terzo. Questo significa che si fa tre volte più fatica a respirare. Tre volte più fatica a muoversi. Tre volte più fatica a pensare. Provate, se volete, a respirare tre volte più lentamente... e ditemi come ci si sente. Male, ve lo assicuro. Per bilanciare la mancanza di ossigenazione del sangue, il cuore comincia a battere 140, 160, 180 battiti al minuto, anziché i suoi normali 78-80. La testa sembra scoppiare, ci si muove lentamente... e sembra che tutto vortichi. Così Finch ha escogitato queste bombole: ci si infila in bocca un respiratore di vetro... e si inala aria. È come mettersi un maglione se fa freddo... o gli scarponi se c'è la neve per terra, dice Finch. Ma, purtroppo, le sue bombole non funzionavano. I contenitori che trasportammo lassù pesavano almeno una quindicina di chili, da sommare al peso dei nostri zaini. Ingombravano, si rompevano, perdevano ossigeno a ogni movimento brusco. In una parola: erano inutili. Non contento, Finch ci aveva fatto trasportare su anche un'altra delle sue... invenzioni: le borse che contenevano un composto chimico in grado di produrre ossigeno per le bombole. Non chiedetemi che cosa fosse esattamente... so solo che un giorno uno dei nostri, lo scalatore Geoffrey Bruce... i professori mi perdoneranno, Geoffrey Bruce fece pipì sopra una di quelle borse e scatenò una vera e propria catastrofe chimica. Si alzò una nuvola di soda caustica e Bruce dovette svegliare tutto l'accampamento prima che Finch riuscisse a fermare la reazione!

La platea rise nuovamente. Poi la conferenza continuò. Toccò al rettore, alla fine, il difficile compito di chiuderla.

– Ci risulta, signor Mallory, che nonostante queste incredibili esperienze l'Alpine Club Inglese sia comunque intenzionato a organizzare una terza spedizione sull'Everest...

Mallory annuì, sedendosi sul bordo della cattedra. – È vero. Poiché abbiamo solo stabilito un record di altitudine, ma non ci siamo aggiudicati la vetta, abbiamo istituito un comitato scientifico per selezionare i partecipanti al prossimo round.

Nella sala si diffuse un mormorio compiaciuto: quella sarebbe stata un'impresa che avrebbe tenuto il mondo con il fiato sospeso.

– Quindi tornerà sull'Everest, signor Mallory?

Nello stupore generale degli studenti, George Mallory abbassò il capo, tamburellando due volte sul legno della scrivania. Infine rispose: – Ho quasi quarant'anni, signore... e ho fatto già due spedizioni sull'Everest. – Fece una smorfia, sorridendo di sbieco. – Conosco quelle valli meglio di casa mia... e vi posso dire che per me tornare lassù più che un'avventura... sarebbe una guerra. No, non credo proprio che parteciperò al terzo round.

La sala ammutolì. Sentimenti acutissimi di delusione e di sconcerto si dipinsero sui volti dei ragazzi.

– Ma se le cose stanno così, che senso ha, mi perdoni, salire sull'Everest? – domandò brutalmente il rettore, come se volesse ferirlo. – È così importante che un uomo salga sul tetto del mondo?

Gli occhi di Mallory, a quella domanda, sembrarono mandare lampi. Come se una specie di furia, una belva feroce che gli covava nel cuore gli avesse improvvisamente restituito la voglia di combattere.

– Che cosa significa arrivare sulla cima dell'Everest, mi chiede? – disse con tono sprezzante. Le sue dita parevano sul punto di trapassare il legno della cattedra, tanto erano cariche di energia. «Chi sei tu, povero scribacchino, per capire l'Everest?» stava pensando. – Se lei fosse un geologo... – cominciò a dire, lentamente, come se ripetesse una lezione – ...salire sull'Everest per lei vorrebbe dire raccogliere e studiare una pietra che nessun altro geologo ha mai potuto analizzare... – Mallory respirò profondamente. – Se lei fosse un medico, salire sull'Everest significherebbe scoprire i limiti e le possibilità della resistenza umana. Ma se lei fosse solo un uomo, un semplice uomo... – Mallory si voltò verso la platea di studenti – ...allora salire sull'Everest significherebbe tenere viva la sua anima.

Mallory cominciò a tremare. Vibrava come un diapason, carico di energia. Avvertii quel momento, mi feci coraggio; mi alzai in piedi e gli gridai una domanda:
– Perché TU hai voluto salire sull'Everest, George?

La mia domanda echeggiò nel silenzio dell'Aula Magna.

George Mallory si alzò dalla cattedra, avanzò di un passo verso di noi. Allargò di nuovo le braccia per comprenderci tutti.

– Perché c'è! – gridò George Leigh Mallory, nel febbraio 1923, a Harvard.

L'Aula Magna attese, poi qualcuno cominciò ad applaudire, altri gridarono. Ci fu chi non poté fare a meno di ridere e chi, invece, per l'emozione, scoppiò a piangere.

Mallory si ritirò trionfante dietro la cattedra, chinando il capo come un autentico cavaliere, davanti alla gloria.

Perché c'è.

IV

Rigpa Tschempo Jonga, la crescita dello spirito

(New York, marzo 1923)

La conferenza a Harvard era stata un tale successo che i principali giornali del Paese riportarono brani del suo discorso e le sue ultime conferenze registrarono il tutto esaurito. I titoli degli articoli evocarono imprese leggendarie: chi è questo eroe misterioso arrivato dall'Inghilterra? Riuscirà il cavaliere a raggiungere la sua vetta? Mallory getta la spugna: mai più sull'Everest. Ma sarà vero?

Il giorno prima di imbarcarsi sul piroscafo *Saxonia*, era il 30 marzo, lo trovai seduto alla Morgan Library di New York, a leggersi un libro.

– Il signor George Mallory? – gli domandai.

Lui mi guardò e, anche se ero solo una ragazzina, scattò in piedi.

– Sì, certo, sono io – rispose. Poi mi fissò. Aveva gli occhi chiari e le ciglia molto lunghe. Gli porsi la mano.

– Febe Star – mi presentai. – Sto scrivendo un articolo su di lei per la rivista dell'università... e mi domandavo se lei sarebbe stato così gentile da concedermi qualche minuto. – In realtà, avevo già scritto su di lui un lungo articolo, pubblicato anonimamente il 18 marzo sul New York Times.

– Volentieri, ma in questo momento... – iniziò lui, appoggiando il libro alla poltroncina – ...stavo per uscire. Mi vuoi accompagnare a bere qualcosa? A patto che tu faccia strada, però niente "lei": non sono poi così vecchio – aggiunse George Mallory.

Quell'anno l'inverno era particolarmente pungente e c'erano lastroni di ghiaccio sui marciapiedi e ghiaccioli appesi alle grondaie, come gelide unghie.

– Fai attenzione al ghiaccio – dissi, poi ci ripensai. – Ok, come non detto.

Erano solo le quattro del pomeriggio, ma cominciava già a fare scuro. Di lì a poco si sarebbero accesi quei grossi lampioni sferici che illuminavano le strade con la loro luce spettrale. Guidai George in un bar ricavato in una vecchia cantina, sotto il livello della strada. Dai tavolini si vedevano i piedi dei passanti attraverso due finestrelle lunghe e strette; sembrava uno di quei posti dove si suonava musica jazz.

– Per me un rabarbaro caldo – ordinò Mallory, sfregandosi le mani e spostando una sedia per farmi accomodare al tavolino. – E per la mia giovane amica... che c'è? – Il cameriere lo fissava interdetto.

– C'è il proibizionismo, George – gli spiegai. – In America non si possono bere alcolici né distillati. Per cui... niente rabarbaro. – Sorrisi. – Io prendo un tè caldo. Con qualche biscotto al cioccolato.

– Lo stesso per me. Niente di meglio di un buon tè caldo all'inglese, no? – e fece una faccia disgustata.

Conversammo del più e del meno, finché non gli chiesi di parlarmi di una cosa su cui, all'Università di Harvard, non si era voluto soffermare.

– Durante la conferenza di Harvard, a proposito di Finch – iniziai – dicesti che eravate saliti in condizioni diverse. Hai detto qualcosa a proposito di una valanga, ma non l'hai più menzionata, dopo.

Mallory cominciò a preparare il tabacco per la pipa. Appoggiò sul tavolo due *fidibus*, i pezzetti di carta che si usano per accendere il fornello, e mi fissò, come se volesse trapassarmi con lo sguardo. *Il terzo tentativo. La valanga. Le corde spezzate.* Scosse il capo con forza.

– George?... Ho detto qualcosa che non va?

Mallory si infilò il bocchino tra le labbra, calcando il tabacco per poi poterlo accendere. – È l'Everest, stella. È quella montagna che non va. Noi inglesi la chiamiamo Everest, ma il suo vero nome è *Chomolungma*.

– *Chomolungma*? – era un nome particolare.

– Significa la Dea Madre del Mondo. – Si formò un pennacchio di fumo azzurro che mi nascose per un istante i suoi occhi. – Quella montagna è come una donna capricciosa: se la fai infuriare ti mangia, con la sua grande bocca di ghiaccio.

Il cameriere ci servì un secondo tè e, non appena si fu allontanato, ritornai sull'argomento.

– È per via della valanga che hai deciso di non tornare lassù? – gli domandai. Gli occhi di Mallory, nel fumo della pipa, scintillavano.

– Proprio così, stella. Meglio non sfidarla un'altra volta, non credi? E poi ho la mia famiglia a cui pensare... E un buon lavoro, che mi piace.

– È questo che sei venuto a dire qui in America? – sbottai. – Che non c'è nessuna possibilità di salire sull'Everest?

– No. Ho detto solo che IO non ci andrò più. Ci sono altri scalatori che possono tentare l'impresa. L'australiano Finch, ad esempio, con le sue bombole d'ossigeno, è arrivato più vicino alla vetta di me – aspirò profondamente la pipa. – Sono in America per raccontare quello che abbiamo scoperto sull'adattamento dell'uomo all'altitudine, all'aria rarefatta e...

– Hai paura?

George posò la pipa e, con un sorriso amaro, disse: – A dire il vero sì, molta. Ma non per me. Non voglio la responsabilità di altre... morti.

Non era tipo da confidarsi, così dovetti incalzarlo con una domanda molto diretta: – Sotto quella valanga... è morto qualcuno?

Lui annuì, facendomi il segno "sette" con le dita.

Era tutto chiaro, adesso. Mi appoggiai allo schienale della sedia, pensando a come aiutarlo. Dovevo tranquillizzarlo: concentrarmi e intuire che cosa stava pensando. Appoggiai la mano sulla sua e iniziai a dire: – Non è colpa tua, George. Non puoi prenderti tutte le responsabilità.

Lui fece per dire qualcosa, ma lo interruppi, senza sollevare la mano dalla sua.

– Posso vedere dentro di te, George – gli spiegai. – So che a Bel Alp cadesti per 12 metri nel vuoto, rimanendo appeso alla corda di Sir Winthrop Young. – Mallory sgranò gli occhi, ma io continuai, leggendogli direttamente nella mente. – So che sulle Alpi partisti per la vetta dimenticandoti gli scarponi nella tenda. E so che non facesti il nodo alla corda attorno alla tua cintura, in Galles. E so che quando partisti per la prima spedizione sull'Everest... – presi fiato – tu pensavi di farcela: eri convinto che George Mallory, l'uomo delle nevi, Sir Galahad, fosse anche l'unico uomo al mondo che poteva salire sull'Everest. – George provò nuovamente a protestare. Aumentai la pressione della mia mano. – E avevi ragione – aggiunsi.

Poi continuai: – Questa è l'America, George. Qui, te lo garantisco, sanno riconoscere un buon sogno da uno cattivo. Non raccontare bugie, non dire che vuoi passare la vita a insegnare in un College. Loro vogliono qualcos'altro da te, un'impresa nella quale solo tu puoi riuscire. I ragazzi di Harvard si sono appesi la tua foto sopra il letto e la guardano ogni sera, prima di addormentarsi. «Se solo fossi forte come Mallory» pensano. «Se solo fossi invincibile come lui...» e sognano, aspettando. Aspettando che tu vada lassù... e che scriva la tua relazione di viaggio sul giornale dell'Alpine Club, per dirci se il mondo è davvero tanto piccolo, visto da ottomilaottocento metri...

– Ottomila e ottocentotrentanove... – precisò Mallory sorridendo.

– Ottomila e ottocentotrentanove – convenni, allentando la pressione della mano e cercando di staccare il contatto mentale tra me e lui. Mallory, invece, lo tenne vivo: mi fissò per un tempo che mi parve lunghissimo, poi girò la sua mano in modo che stringesse la mia. – Chi sei, Febe Star?

– Una tua grande ammiratrice – risposi, evasiva.

– Posso chiamarti Stella?

Annuii. Stella era il significato del cognome che mi ero scelta.

Sembrò bastargli. Aggiunse: – In Inghilterra stiamo allestendo la squadra, ma ci manca ancora un uomo… uno capace di convincermi che possiamo arrivare lassù, senza che nessun altro debba morire.

– E pensi che quest'uomo esista?

Mallory scosse il capo, sollevando il coperchio della teiera per vedere se fosse rimasto un goccio di tè. – Se c'è, dovrebbe essere una specie di mago.

Sorrisi, chiusi gli occhi, poi li riaprii.

E lo fissai.

– Un momento… – mormora Jori, guardando le mani di Febe. – Come hai fatto a dirgli tutte quelle cose? Come facevi a saperle? E… perché dici che dovevi aiutarlo?

Febe appoggia la mano su quella di Agasia. – Se mi concentro, a volte, riesco a leggere i pensieri delle persone. Vuoi provare?

Jori scuote il capo, un po' spaventato.

Il sorriso di Febe è rassicurante, tranquillo; come se gli stesse raccontando una storia vera. Ma come poteva essere lei, ottant'anni prima… a parlare con George Mallory? E come poteva… leggere i pensieri delle persone?

– Ora, ad esempio… – dice Agasia – vuoi sapere se l'Alpine Club organizzò una terza spedizione, non è vero?

– No… io… – Ci sono talmente tante domande, da fare a quei due, che non sa da dove iniziare.

– Il giorno dopo… – riprende Febe…

Il giorno dopo, lo accompagnai fino al *Saxonia*. C'era anche il signor Keedick, a salutarlo.

– È difficile avere un sogno come il tuo – gli dissi, abbracciandolo per l'ultima volta. – Fai attenzione.

– Ci vedremo ancora, Stella?

Annuii, ma avevo una gran voglia di piangere. – Certamente – gli dissi, stringendolo come se fosse stato il mio migliore amico. – Ci rivedremo ancora. – E capii che avevo voglia di piangere perché mi sembrava di mentirgli.

Lui sorrise dolcemente, poi salutò anche il signor Keedick.

– Ok… Si torna a casa – disse, con un sospiro. – Addio, Stella – mormorò l'uomo che non aveva paura dell'Everest.

V

Dschighe,
L'uomo che non ha paura

(Oxford, ottobre 1923)

George Mallory tornò a casa da sua moglie Ruth. Era una donna bella, dallo sguardo dolce, con un temperamento artistico che esercitava creando e dipingendo oggetti di ceramica.

Si trasferirono a Cambridge, dove George continuò la sua attività di insegnante e ritrovò i suoi vecchi compagni di College. Trascorsero alcuni mesi abbastanza tranquilli. Una volta alla settimana, George partecipava alle riunioni del Comitato per l'Everest, che stava vagliando la lista di nomi per la "spedizione 1924".

Tra i candidati c'erano alcune conferme e molti nomi nuovi. A capo del nuovo tentativo di scalare la montagna più alta del mondo sarebbe stato, per la seconda volta, il generale Charles Bruce, un uomo grassoccio che aveva superato da un pezzo la cinquantina, soprannominato lo Zio Nero senza un motivo preciso. Bruce si trovava già in India, da dove continuava a inviare messaggi tipo: "Gentili signori, si può sapere quando avete intenzione di partire? I portatori aspettano con ansia di potersi caricare sulle spalle un po' di aria inglese!".

L'"aria inglese", così i portatori chiamavano le bombole d'ossigeno che l'australiano Finch aveva fatto loro trasportare nella spedizione precedente fin quasi in cima all'Everest!

Oltre al generale Charles Bruce erano stati confermati l'uomo che aveva causato il disastro chimico facendo pipì nel posto sbagliato, il capitano Geoffrey Bruce, e l'astuto e pratico colonnello Edward "Teddy" Norton, che sarebbe stato la mente organizzativa dei campi base. Alto, allampanato e quasi completamente privo di sentimenti, Norton si sarebbe occupato di organizzare tutto l'equipaggiamento necessario. Anche il roccioso dottor Howard Somervell sarebbe stato della partita: sembrava che nessun uomo al mondo fosse dotato della sua resistenza fisica. Somervell era una vera e propria macchina da lavoro.

L'australiano Finch, invece, era stato allontanato dalla squadra, poiché aveva litigato con il Club sulla questione dell'"aria inglese". Al posto di Finch, come responsabile dell'ossigeno, il geologo e professor Noel Odell presentò al Comitato per l'Everest un ragazzo di appena vent'anni: un atleta con un talento particolare per la meccanica.

Si chiamava Andrew Sandy Irvine.

Il professor Odell, occhi chiari, pizzetto, sopracciglia all'ingiù ed espressione decisa, aveva trascorso con Andrew "Sandy" Irvine l'ultima estate, in una spedizione nell'Artico. Avevano passato quasi un mese di isolamento assoluto, spingendo le slitte tra i ghiacci di un ammasso di rocce sperdute nell'oceano, conosciute come "isole di Spitsbergen". Odell, in qualità di geologo e di capo della spedizione, aveva scelto Sandy Irvine soprattutto per la sua forza fisica ma, nel corso di quelle interminabili giornate, aveva apprezzato le altre grandi qualità di quel ventenne dallo sguardo pulito. Sandy si era dimostrato un ragazzo pratico, intelligente, capace di trovare una soluzione per qualunque problema. Erano davvero incredibili la sua capacità di riparare qualunque cosa si fosse rotta e il suo costante buon umore. Sandy aveva spinto la sua slitta senza mai lamentarsi, trovando anche il tempo di scalare una cresta rocciosa, su cui si era seduto ad ammirare il silenzioso paesaggio ghiacciato. Quei monti, adesso, si chiamavano monti Irvine.

Durante la spedizione, il professor Odell gli aveva domandato: – Hai qualche suggerimento, Sandy, da segnalare all'Università? – e lui aveva risposto: – Ah, sì, signore. Certamente. Le tasche.

– Le tasche?

– Sì. – Sandy aveva preso la tuta che indossavano quando guidavano la slitta. – Perché non mettiamo sulla tuta qualche tasca con la chiusura lampo? Senza tasche, per prendere quel che serve bisogna levarsi tutto o fermarsi per aprire lo zaino.

– Ok, Sandy... ok. – Odell si era annotato il suggerimento, sotto ad altri ancora più strampalati: creare calze irrestringibili e un sacco a pelo che non perda il pelo. Tutte trovate che, probabilmente, non avrebbero avuto nessun futuro.

– E invece, oggi, sono tutte cose normali! – esclama Agasia, interrompendo la sua amica Febe. – Ti basta entrare in un negozio di sport per trovare tute da sci piene di tasche a zip, sacchi a pelo imbottiti e vestiti speciali, per resistere al freddo!

Il pullman sta lasciando la cittadina di Attleborough, inoltrandosi in una larga via alberata.

– Oggi è molto meno pericoloso sfidare le montagne: loro non avevano nessun tessuto in grado di fermare il vento, Jori; hai presente come passa il vento nei maglioni di lana?

Jori rabbrividisce.

– Comunque... il professor Odell andò a cercare Sandy lungo le rive del fiume Putney, dove stava gareggiando per difendere i colori del Merton College di Oxford. E quando lo trovò...

L'imbarcazione con il numero tre aveva vinto la regata e la folla di ragazzi sulla riva era esplosa in un boato. Anche il professor Odell esultò, facendosi largo tra la gente per raggiungere la riva. In mezzo al fiume, l'equipaggio vincente alzò in verticale i remi sulla barca e salutò il pubblico. Poi, lentamente, si accostò alla riva.

Il primo a scendere a terra fu proprio Sandy Irvine, un ragazzone alto due metri. Accorgendosi del professor Odell, gli corse subito incontro.

– Gran vittoria, ragazzo! – si complimentò Odell.

Irvine aveva il viso imperlato di sudore e la maglia con i colori del college tutta bagnata, nonostante la stagione. Ma, come sempre, il suo viso era raggiante: le ragazzine impazzivano per lui.

– Ho qualcosa per te, ragazzo – disse Odell, sventolando una lettera. – Una grande proposta!

– Un'altra spedizione nell'Artico?

Odell ridacchiò. – Niente slitte, Sandy. Niente mare: stiamo cercando un tecnico dell'ossigeno per la prossima spedizione del Comitato per l'Everest.

– Il Comitato per l'Everest?

– Voglio proporre la tua candidatura, Sandy – disse il professore.

– Io? Ma ne è sicuro, professore?

– Tu che ne dici?

– Che cosa devo fare?

Il professor Odell gli consegnò la lettera. – Presentati a questo indirizzo. – Gli diede poi una pacca sulle spalle, lasciandolo ai festeggiamenti degli altri ragazzi.

Sandy fissò la lettera con il sigillo dell'Alpine Club.

Non gli sembrava vero.

– Buona sera, signori – esordì il professor Odell, alla riunione del Comitato per l'Everest. – Se sono qui, questa sera, è per presentarvi Andrew Sandy Irvine, mio compagno di avventura nella spedizione sulle Spitsbergen. Sandy si è rivelato un ottimo elemento. – Odell sorrise, indicando, alle sue spalle, il giovane Irvine, vestito in un impeccabile completo grigio. Sandy lasciò che il professore terminasse la sua presentazione, poi rispose a tutte le domande che gli furono rivolte dai membri del Comitato.

Con un tono di voce sicuro, tranquillo, confessò di non avere praticamente esperienza di alpinismo ad alta quota, ma di potersi allenare nel corso dell'inverno. La sua mancanza di esperienza era un grave problema, ma il suo fisico robusto e le sue conoscenze impressionarono tutti in modo molto favorevole. Stupendo lo stesso Odell, che non era stato avvisato della cosa, Irvine consegnò al Comitato per l'Everest una breve relazione sulle modifiche che intendeva apportare alle bombole di ossigeno.

– Ho avuto modo di procurarmi uno dei respiratori usati dal signor Finch l'anno scorso, l'ho smontato e studiato nella mia officina e ho rilevato alcuni grossolani difetti di fabbricazione. Se foste così gentili da farli notare ai signori costruttori della ditta Siebe Gorman, penso che la spedizione ne trarrebbe giovamento.

George Mallory studiò a lungo quel ragazzo. E mentre lo faceva, i suoi occhi scintillavano.

Quella notte, Mallory non chiuse occhio. E neppure quelle successive. Girava per la casa, pensando e ripensando. L'entusiasmo di Irvine l'aveva contagiato. Al di là della sottile linea di vetro della finestra, l'Everest lo stava chiamando. Era un richiamo lento, costante, che sembrava piovergli addosso direttamente dalle stelle. Cancellava tutto il resto: la fatica, il pericolo, il vento ghiacciato, Ruth, sua figlia, il suo lavoro.

Tornare lassù. Ripensava al lungo cammino di avvicinamento, dal mare fino al campo base, passando attraverso le strade delle carovane, nelle giungle. E poi gli altipiani, piatte distese di terra circondate da alte montagne. Ripensava ai cavalli, ai portatori indiani, gli *sherpa*, che camminavano curvi sotto il peso delle tende. A quando, per cena, Somervell tentava invano di cucinare un buon arrosto di carne e al ticchettio della macchina da scrivere del generale Bruce. Bruce odiava usare la penna e si pagava personalmente un portatore per avere con sé la sua macchina da scrivere anche a seimila metri d'altezza.

La mente di George vedeva distese di ghiaccio, picchi innevati, altezze inimmaginabili. «Perché c'è... » si ripeteva, osservando il cielo notturno di Cambridge e ricordando come era più vicino, il cielo, nelle notti sull'Everest e come la luce della luna rimbalzava sui ghiacci.

Ma alla fine, George Mallory si arrese. Disse a sua moglie Ruth che non sarebbe partito per il terzo round sull'Everest, perché non aveva ottenuto il permesso di allontanarsi dalla scuola. Disse che, dopotutto, era meglio così, perché lui non aveva nessuna intenzione di tornare lassù.

– Lascio l'impresa di conquistare quella montagna a chi è meno saggio di me – disse, accarezzando la testolina dorata di sua figlia.

E, allora, Ruth andò alla scuola di George.

Trascorse una settimana. Il 24 ottobre 1923 Andrew Sandy Irvine ricevette una lettera dall'Alpine Club. La lesse ad alta voce, a tavola, davanti ai genitori e alla sorella. Sandy scoprì che aveva passato tutte le visite mediche e che all'Alpine Club lo giudicavano idoneo.

Lo avevano accettato!

I suoi genitori si scambiarono uno sguardo preoccupato. Avevano paura. A quali pericoli andava incontro? Sua sorella, invece, faceva i salti di gioia per tutta la stanza.

– Mi porterai dei regali dall'India? È vero? È vero? Promettilo, Sandy! Promettilo!

Sandy continuava a leggere la lista dei prescelti. Mancavano cinque mesi alla partenza. Imbarco il 29 febbraio sul *California*, da Liverpool, con l'appuntamento per l'inizio della spedizione al Mount Everest Hotel di Darjeeling, India, il 21 marzo 1924.

– Ma partirai da solo? – gli domandò sua madre, cominciando a sparecchiare.

– No – rispose Sandy, sempre in piedi, sempre raggiante. – Saremo in due a partire da qui.

– Chi è l'altro?

– Mallory – rispose gonfiandosi tutto per l'orgoglio. – Il grande George Leigh Mallory. L'unico che è stato già due volte lassù.

– Sei in buone mani, allora – disse suo padre, provando a sorridere.

Quando l'elenco dei nomi fu diffuso, Mallory si recò a casa di Sir Geoffrey Winthrop Young. Pensava che il suo vecchio amico sarebbe stato entusiasta della nuova spedizione, invece lo trovò infuriato.

– Mi avevi giurato che non saresti partito! – lo aggredì, quando si incontrarono. – Mi hai mentito, George!

George tentò debolmente di giustificarsi. – Fino all'ultimo a scuola non ne volevano sapere! Poi, l'altro giorno, mi è arrivato un nullaosta di sei mesi per la spedizione. Io... non so che cosa dire.

– Che cosa ha detto, Ruth?

– Niente – continuò Mallory, offeso. – Non ha detto niente. Lei è contenta: lei ha capito.

– Ha capito cosa? Che suo marito va a morire su un montagna impossibile? È questo che ha capito?

– No. – Mallory raddrizzò la schiena. – Che non potevano fare a meno di me... Che la spedizione... aveva assolutamente bisogno di me!

– Ma quanto sei stupido, George! – sbottò Sir Young. – La squadra aveva bisogno di te? E Finch? Non poteva andare lui al posto tuo?

– I rapporti tra Finch e l'Alpine Club sono pessimi, lo sai. E poi Finch è stato sostituito da Irvine.

– Ah... Irvine! Buono, quello. Ma ti rendi conto di quanti anni ha? Venti, George, quasi la metà dei tuoi.

È solo un ragazzino, maledizione! Che cosa ci va a fare un ragazzino sull'Himalaya? No… non dire niente: scommetto che sei stato tu a insistere per farlo accettare. Dimmi di no, dimmi che mi sbaglio!

Mallory era sempre più irritato. – Sandy Irvine rappresenta il nostro tentativo di procurarci un superuomo, anche se la giovane età depone a suo sfavore.

– E questa che cos'è? Una lezioncina per la stampa?

– No. È una frase di Stella.

– E Stella chi è?

– Una ragazzina americana che crede ancora ai sogni, Geoffrey. Tieni.

Con un gesto brusco, Mallory porse a Young una busta.

– Che cos'è?

– Una lettera per lei. Se non dovessi tornare, vorrei che tu le mandassi questa.

– Piantala! – Sir Young si rifiutò di prenderla, seccato. – Hai cose più importanti da fare, che scrivere lettere alle ragazzine.

– La porterò con me, allora – disse Mallory, riprendendosi la lettera. – Addio, Geoffrey.

Si avviò all'uscita.

Sir Young lo fermò: non voleva che si lasciassero così. Cominciò a leggere i nomi degli altri membri della spedizione: – Il generale Bruce, Norton, l'altro Bruce, Odell, Somervell, Irvine, tu… chi ho dimenticato?

– Il dottor Hingston – scandì George, contento che Young l'avesse fermato.

– E poi?

Mallory si voltò. – Il capitano John Noel, con la sua telecamera e le macchine fotografiche.

– Ah, sì, il maledetto cinema. – Sir Young faceva l'indifferente, guardava per terra. – Dimmi… dimmi…

– Sì… – Mallory intuì che, in realtà, Sir Young aveva una voglia matta di sapere. Che non aveva voluto aggredirlo, prima. Che le sue parole non erano state dettate dalla rabbia, ma da una sincera preoccupazione. Mallory gli si avvicinò e cominciò a raccontare altri particolari della spedizione.

– …E poi ci saranno altri due alpinisti: Bentley Beetham e John Hazard.

– E che tipi sono, Galahad? Cavalieri di vaglia? – Sir Young adesso sorrideva.

– Per l'Inghilterra, signore! Sono i migliori cavalieri del mondo!

Continuarono a parlare fino a notte fonda.

– Ma poi te l'ha mai spedita, questa lettera? – domanda Jori a Febe.

Febe annuisce.

– E che cosa diceva?

– Mi salutava. E mi ringraziava per quello che avevo fatto.

– Non ci credo.

– Te la posso far leggere, se vuoi. Jori la guarda. Poi si stringe nelle spalle. – Ma dai!

– Febe non scherza – dice Agasia. – L'ho letta anch'io: è una lettera molto bella. Ma non perdiamo tempo... il pullman sta correndo. Mentre i prescelti dal Comitato per l'Everest si preparavano alla partenza...

L'australiano Finch lesse la lista dei nomi, poi l'appoggiò al tavolino del suo studio. Si alzò, si avvicinò alla finestra e restò a lungo immobile, guardando fuori. Mallory partiva, lui no.

Ricordò. La stanchezza. Il lento procedere nella neve. Il silenzio bianco. Il serpente candido del ghiacciaio Rongbuk. Il campo IV, sul Colle Nord, dove la Grande Madre respirava.

Poi tornò a leggere l'elenco dei convocati. Avevano nominato responsabile dell'ossigeno un ragazzino di vent'anni. Un certo Irvine, studente di ingegneria all'università che, a sentire i maligni, era molto più abile a remare che a studiare.

– Stupidi inglesi... stupidissimo Mallory – mormorò Finch. – Che cosa ci vuole per mettervi in testa che senza ossigeno non ce la farete mai?

Probabilmente Irvine avrebbe apportato chissà quali modifiche alle sue bombole. Finch aveva trascorso mesi a sperimentare l'effetto della perdita di pressione sul corpo umano. Aveva costruito una camera di decompressione, per simulare quegli effetti. E quale era stata la ricompensa? Essere rimpiazzato da un ragazzino appena svezzato.

– Non la capiranno mai, idioti – brontolò Finch, stracciando la lettera dell'Alpine Club in piccoli pezzetti. Ma, intanto, sentiva qualcosa in fondo al cuore, qualcosa che lo faceva battere sempre più forte. Finch lasciò che i pezzettini di carta si sparpagliassero, poi rivolse un saluto alla finestra, come se vedesse qualcuno. – Buona fortuna, George – disse. – Che Dio t'assista.

VI

TRASHI DELEG,

BUONA FORTUNA

(Darjeeling, marzo 1924)

La notizia della partenza della spedizione per l'Everest richiamò moltissimi giornalisti alla banchina cui era ormeggiato il *California*. Mallory e Irvine si strinsero la mano e sorrisero ai fotografi. Con loro si imbarcavano anche Bentley Beetham e John Hazard.

Quando venne il momento dei saluti, George abbracciò sua moglie stretta stretta e le disse: – A presto, Ruth. Sarò qui per l'estate.

– Scrivimi – mormorò lei.

– Sicuro! – George le diede un ultimo bacio, poi corse a bordo.

Il *California* salpò molto lentamente dalle banchine di Liverpool. George Mallory, fermo sul ponte, si accese la pipa prima di salutare ufficialmente i suoi compagni d'avventura.

– Alla fine siamo riusciti a partire, signori. Pensavo che i saluti non sarebbero mai finiti!

Alla sera, i quattro alpinisti si ritrovarono alla sala ristorante, dove erano stati preparati, per loro, due tavoli da due. Mallory divideva la sua camera con Hazard, Irvine con Beetham, ma a cena, Mallory e Irvine scelsero di stare assieme.

– Sandy, eh? – sbottò Mallory, a un certo punto. – Che razza di soprannome è, Sandy?

– Facciamo a gara per chi ha il soprannome più strano, Sir Galahad?

– Uno a zero e palla al centro – commentò Mallory, allegramente. – Com' è stato il primo giorno di viaggio?

– Il signor Beetham non ha smesso di parlare neanche per un momento. – Irvine sorrise. – Ha già tutte le sue idee su come scalare la montagna. Se continua così, penso che dovrò tapparmi le orecchie per non impazzire.

Mallory sghignazzò. – Non sai quanto sei fortunato. Il mio, Hazard, non dice una parola. Se gli fai una domanda risponde con un grugnito. Sì. No. È tutto quello che gli ho sentito dire.

I rispettivi compagni di camera erano seduti qualche metro più in là. Mallory dispensò loro un largo sorriso.

– Come dite? – domandò Beetham.

– Dicevamo… che zuppa squisita! – mentì.

Da quella sera, Mallory e Irvine rimasero sempre insieme.

I giorni sulla nave cominciarono a susseguirsi monotoni, uno uguale all'altro. Mallory restava spesso in camera a scrivere lunghe lettere a Ruth, mentre Irvine trascorreva gran parte del tempo ad allenarsi. Faceva flessioni, corse, esercizi di ginnastica per tenersi in forma. Aveva paura di rivelarsi un peso morto per il gruppo: tutti gli altri membri della spedizione erano esperti alpinisti, e tutti più anziani di lui. Mallory si complimentò con lui per l'impegno, Hazard non gli rivolse mai la parola e Beetham lo prese pesantemente in giro.

– Bravo, Sandy, corri – lo scherniva. – Ne hai proprio bisogno.

– Vedrai, Beetham, quanta strada ti darò... – mormorava Irvine, a ogni passaggio.

– Grande Irvine! – esulta Jori, parteggiando istintivamente per lui. – È il più giovane, ma è anche quello che si dà da fare più di tutti.

– Era spaventato... – racconta Febe – perché non sapeva quasi niente di alpinismo. Le sue uniche esperienze erano state con il professor Odell nell'Artico e una breve vacanza sulle montagne dell'Austria, insieme ad Arnold Lunn.

Agasia scoppia a ridere.

– Perché ridi?

– Sto pensando a quando Lunn gli insegnò a sciare: Irvine non aveva mai messo gli sci ai piedi. Allo slalom di Strang-Watkins si limitò a puntare gli sci alla massima pendenza e li lasciò andare. Rimase in piedi per un mira-

colo per quasi tutta la discesa, tagliò il traguardo e fece un volo spaventoso, sparendo in una nuvola di neve. Si rialzò come se niente fosse e domandò come fosse andato. Aveva completato il percorso in quaranta secondi. Dopo di lui, il tempo migliore fu di cinque minuti…

Una sera, Sandy e Mallory passeggiavano sul ponte.

– Ma non c'è un qualche segreto… qualche cosa che dovrei sapere, su come si scala una montagna?

– Sali – gli rispose Mallory, con una pipata. – Finché ci riesci. Tutto qui. – Mallory si concesse qualche altra boccata, poi aggiunse: – Se vuoi saperlo, però, c'è una tecnica segreta, che non ho mai raccontato a nessuno. Devi concentrarti per eseguire respiri regolati al ritmo del passo. E non devi usare solo la parte superiore dei polmoni, ma tutta la tua capacità respiratoria… espandendo e contraendo il torace, il diaframma e la pancia a ogni passo. Con lo stesso ritmo.

– Contrarre il diaframma?

– Devi sentirlo dentro, come se si schiacciasse. Inspirare completamente a un passo ed espirare completamente a quello successivo, e se sei più stanco inspiri ed espiri nello stesso passo, alzando la gamba quando inizi l'inspirazione, in modo che ai muscoli vada più ossigeno possibile.

Irvine, sul ponte della nave, cominciò a esercitarsi, muovendosi a scatti come una marionetta. – Ehi, non è facile!

– Per niente, Sandy. Ma è un ritmo che dovrai imparare quando proveremo a salire con le bombole.

– Pensi di utilizzarle?

– Credo di sì – rispose Mallory, preoccupato.

L'India li accolse con la sua cascata di colori e odori pungenti. Una città costiera si stendeva alla fine della linea blu del mare come una striscia gialla di zafferano. Bassi palazzi di fango costituivano buona parte del quartiere portuale, mentre, alle loro spalle, si intravedevano alcune costruzioni inglesi più eleganti. Faceva un caldo infernale.

– L'India, Sandy... il paese più complesso del mondo – sentenziò Mallory, scendendo per primo a terra. In fondo alla passerella c'era una folla di persone accalcate. *Ingleis*! *Ingleis*! Gridavano, agitando le mani. Mallory si voltò verso i suoi compagni di viaggio, che esitavano a immergersi in quella ressa. Nell'aria c'era un caldo davvero soffocante. – Vogliono solo farvi un po' di festa! Lasciate a loro i vostri bagagli! Tanto, non ve li lascerebbero portare!

Irvine scese subito dopo Mallory, sorridendo a tutti quelli che si avvicinavano per toccarlo. – *Sahib*! *Sahib*! *Ingleis Sahib*! Lascia! Lascia porta *Sherpa*! *Sherpa*! – gridavano, circondandolo completamente.

– Ma che cosa vogliono?– gridò Beetham, tra lo spaventato e il divertito. – Buoni! Buoni! Va bene!

– Vogliono faticare per noi! – rispose Mallory, qualche metro più avanti. – Cercano di farsi assumere come *sherpa*. Come portatori. Ma penso che Norton ci abbia già pensato. Bisogna sceglierli tra i tibetani o tra i nepalesi, non tra gli indiani. I veri *sherpa* possono portarvi a spalla fino all'Everest e ritorno, se li pagate bene. – Mallory alzò un braccio, per farsi individuare dai suoi amici. – Per di qua! Venite! Abbiamo da fare un po' di strada!

Raggiunsero la cittadina di Darjeeling, e lì cercarono il Mount Everest Hotel, un'elegante palazzina vittoriana sulla via carovaniera che penetrava nell'interno dell'India. Una folla di persone li seguì fin sulla soglia dell'hotel. Sandy si diede da fare a spiegare, con modi gentili, che dovevano lasciare lì i loro bagagli. Hazard, invece, cercò di riappropriasi delle sue sacche da viaggio in malo modo e fu sgridato da Beetham.

Mallory si disinteressò della questione bagagli ed entrò nell'albergo.

– Somervell! Dottor Howard Somervell! – gridò. Aveva riconosciuto una delle due persone che sedevano a chiacchierare sotto un grande ventilatore con le pale di legno. Il pavimento della sala era coperto di magnifici tappeti e, alle pareti, erano appesi grandi trofei di caccia: una testa di orso e alcuni palchi di corna. – Che piacere vederti!

– George Mallory! – Somervell gli andò incontro. – Ma lo sai che qualche maligno aveva detto che te ne saresti rimasto in pantofole a Cambridge?

– Non ci credo… – lo schernì Mallory.

– Te lo giuro, George! – Somervell presentò a Mallory la persona con cui stava parlando. – Te lo ricordi? – L'uomo accanto a Somervell era un orientale dalla pelle cotta dal sole, che indossava una veste lunga e un curioso cappello di paglia intrecciata.

– Salute, *ingleis*! – Lo *sherpa* sorrise, facendo un breve inchino.

– E come potrei averlo dimenticato! – esclamò Mallory, abbracciandolo. – Il nostro interprete preferito: Karma Paul! Come te la passi, vecchio mio? Lo sai che il tuo inglese mi è mancato?

– Certamente! – rispose sorridendo Karma Paul.

– Gli altri sono già arrivati? – si informò Mallory, guardandosi intorno.

– Sono di là. – Somervell indicò la sala da pranzo dell'hotel, ormai trasformata in campo base per l'organizzazione della spedizione. Irvine, Hazard e Beetham entrarono in quel momento. Posarono a terra le loro sacche, salutarono Somervell e seguirono Mallory al di là della porta.

La stanza era tutta ingombra di sacchi, carte, casse di legno e bauli con i sigilli dell'Alpine Club e chiusi con grosse corde di canapa. Nonostante le precauzioni, molti erano stati aperti durante il viaggio.

– Sulle navi sono in grado di rubarti anche i capelli, se non stai attento – scherzò Somervell, passandosi una mano nella capigliatura rada. Proseguì fino a una porta che conduceva nel cortile interno del Mount Everest Hotel. Là fuori il coro stonato delle bestie da soma si mescolava con le grida di una piccola folla di uomini indaffarati. – Norton è nella stalla – spiegò Somervell. – Venite.

– Sono duecento sacchi di pelle cerata da trenta chili l'uno! – gridava Norton, dall'alto dei suoi quasi due metri di statura. Teneva in mano un registro, su cui annotava cifre e sigle. – Quelli vanno portati in sala da pranzo. Burro, verdura, carne secca, rape a pezzetti, cipolle... di qua. Laggiù ci sono barbabietole, ravanelli sotto aceto, spezie e tè. La carne va qua. Questa... – Norton prese una cassa di medie dimensioni, scuotendone il contenuto per capire di cosa si trattasse – ...cosa diavolo è questa? Sembra ferraglia. Lasciatela in un angolo, per ora.

– Ecco a voi Teddy Norton: il grande organizzatore – disse una voce alle sue spalle. Norton si voltò con l'aria di voler sbranare chi gli aveva parlato.

– Che mi venga un colpo! – esclamò, invece. – Quello sbruffone di George Mallory! Che sorpresa vederti già qui: pensavo che saresti arrivato solo per le fotografie dei giornali! – Norton lanciò un'occhiata agli altri tre compagni di Mallory. – Come va? Avete fatto buon viaggio? – Strinse la mano a tutti. – Io sono qui da poche settimane, ma mi sembra che sia già passato un anno. Che cosa succede nel mondo civile? – Norton si girò per dare un ordine secco a uno degli *sherpa*, poi tornò da loro. – Scusate i modi, ma uno *sherpa* non capisce la differenza tra grano e riso neppure se ce lo anneghi dentro.

Sandy scosse il capo, perplesso: non gli piacevano mai le cattive maniere.

– A che punto sei, con i preparativi? – si informò George.

Il colonnello spalancò le braccia, indicando tutti gli indiani affaccendati intorno a lui. – Vedi Odell? Vedi John? Vedi il nostro eroico capo spedizione, il generale Bruce? Qui ci sono duecento tibetani che aspettano la visita medica, centoventi animali da soma da sellare, yak che muggiscono nel cortile, bombole d'ossigeno che scoppiano nei loro imballaggi di paglia... non so se abbiano fatto le modifiche che dicevi, Sandy, ma quelle bombole sembrano armi da guerra ... per non parlare degli zaini da equipaggiare, delle tende da controllare una per una... E chi si è reso disponibile per fare tutto questo lavoro? Nessuno. Il generale Bruce e gli altri passano il tempo a giocare a tennis con il governatore del Bengala! – Norton tirò un calcio alla cassa piena di "ferraglia". – Ecco come va, George!

– Niente male, Norton. Niente male davvero. – Osservando la distesa di imballaggi e la confusione di uomini e animali, Mallory cominciò ad assaporare il vero clima della spedizione. C'era un odore aspro e pungente, nell'aria caldissima di Darjeeling. – E dove sarebbe, il governatore del Bengala?

Come se fosse stato evocato, dall'altro lato del cortile il generale Bruce arrivò fischiettando, con una racchetta di legno appoggiata sulla spalla, i suoi cinquantasette anni portati con un sorriso, il completo bianco da tennis appena un po' sudato. Il suo viso rotondo ebbe un sussulto, riconoscendo, tra il bestiame e gli indiani dell'hotel, alcune facce note. Quando vide Mallory, poi, il suo viso si illuminò di colpo.

– È arrivato il dannato inglese! – disse, agitando la racchetta. – Riconoscerei quelle orecchie a sventola in capo al mondo! – Lo Zio Nero abbracciò Mallory e salutò tutti calorosamente, dispensando a ognuno vigorose pacche sulla schiena e battute taglienti. – Allora, signori, siete pronti all'impresa? E tu, giovanotto? – disse il generale valutando Sandy Irvine. – Mi hanno detto che sei un asso dello sport. Che ne dici di tirare un paio di colpi? – disse, agitando la racchetta.

– Volentieri, signore. Ma...

– Niente ma, ragazzo. Com'è che ti chiami?

– Sandy, signore.

– Vatti a cambiare, Sandy. Completo bianco, mi raccomando: un vero inglese non deve mai dimenticarsi il galateo del tennis. Ah, Norton...! – aggiunse il vulcanico militare, notando la cassa ai piedi dell'organizzatore. – Fai attenzione a quella, eh? C'è dentro la mia macchina da scrivere: è delicatissima e, se si rompe, sono un uomo morto!

Mallory e il dottor Somervell scoppiarono a ridere.

VII

AGU NAGPO,
LO ZIO NERO

(Phari Dzong, marzo 1924)

Giunse il momento della partenza che John Noel immortalò con una bella fotografia di gruppo. La carovana era composta da più di duecento persone, per la maggior parte *sherpa*. Gli inglesi e i loro equipaggiamenti viaggiavano a cavallo, gli altri a piedi, tirandosi dietro le bestie da soma. C'erano molti animali privi di soma, perché occorreva prevedere la possibilità che qualcuno tra quelli carichi si azzoppasse o si ferisse con i finimenti. A tenere incolonnate le bestie da soma c'erano i cani degli *sherpa*.

Tutti erano di ottimo umore. Tutti tranne Irvine, che era furioso: non solo la ditta Siebe Gorman non aveva apportato alle bombole per l'ossigeno le modifiche che lui aveva consigliato, ma, dei novanta contenitori ordinati, quindici erano completamente vuoti e ventiquattro perdevano.

– Non ce ne sarà a sufficienza per tutti – spiegò subito Irvine, mostrando una bombola semivuota al generale Bruce.

– Non ce n'è mai a sufficienza per tutti – rispose il generale. – È così che va il mondo.

Per raggiungere l'Everest era prevista una marcia d'avvicinamento di circa un mese: il primo tratto attraversava giungle lussureggianti, fino al paese di Phari Dzong; da lì, il gruppo avrebbe tracciato un grande arco tra vallate sempre più alte, per raggiungere gli altopiani aridi del Tibet. Una volta giunti in prossimità del villaggio nella valle di Tingri Dzong, la spedizione avrebbe dovuto affrontare l'ultimo tratto: una interminabile salita per incontrare le vette più alte.

Durante i primi giorni, procedettero con grande lentezza, in un'umidità caldissima e soffocante. Edere rampicanti si avviluppavano ai tronchi neri dei noci, e il sottobosco era tutto un susseguirsi di acacie, mimose, bambù e felci. Un sudore pesante, appiccicoso, impiastricciava i vestiti di tutti e, alla sera, nonostante le zanzariere, eserciti di insetti venivano attratti dalle luci delle lanterne. Beetham provò ad attenuare la luce utilizzando i parafiamma di cartone forniti in dotazione alla lanterna, ma riuscì solo a dare fuoco a metà della sua tenda.

– Ma chi può essere così idiota da fornire parafiamma di cartone? – sbottò Norton, quando seppe dell'incidente. Poi, senza che nessuno gliel'avesse chiesto, nei giorni successivi costruì alcuni parafiamma in latta, che vennero poi adottati da tutti.

A mano a mano che ci si alzava di quota, in direzione nord, la vegetazione diminuiva. Il sentiero saliva ora in un bosco misto di pini, aceri, faggi e betulle e, di tanto in tanto, si poteva vedere un canalone innevato scendere in un vallone, quasi ai margini delle foreste. Sulle pareti più alte delle montagne, cominciavano a vedersi grandi magnolie bianche e rododendri dai colori vivissimi.

Quando raggiunsero il ponte di legno di Pedong, sospeso nel vuoto al di sopra di un fiume tumultuoso, Mallory propose a Irvine di raggiungere la riva e farsi un bagno. Conosceva un posto meraviglioso per tuffarsi.

Il generale Bruce, in testa alla carovana, non fece obiezioni. Sembrava patire il clima torrido della giungla e, da quando erano partiti, s'indeboliva ogni giorno di più. Il suo spirito sarcastico, però, non era certo venuto meno. – Mallory che si lava?!? Forse è il caso di scattare qualche fotografia a futura memoria...

Si fermarono in tre: Mallory, Irvine e il professor Odell. Legarono i cavalli ai bordi della strada carovaniera e si aprirono un sentiero fino al fiume. Irvine si spogliò e si abbandonò nell'acqua gelata dei monti, sentendosi rivivere.

Mallory e Odell, invece, si sfidarono in una gara di nuoto, come se fossero in vacanza.

Dopo il bagno si sdraiarono al sole ad asciugarsi. I due più anziani rievocarono le avventure che avevano vissuto durante la Prima guerra mondiale: Mallory aveva combattuto in Francia, come artigliere.

– E quando ero in trincea, Odell... sognavo un posto come questo... e di poter stare disteso, al sole, vicino a un fiume di montagna.

Fu uno dei momenti più rilassanti del viaggio.

A Yatung, il dottor Somervell capì che il generale Bruce stava davvero male. – Ha preso la malaria, credo.

Incupiti dalla notizia, gli uomini dell'Alpine Club proseguirono per altri tre giorni, fino a quando, alla destra della strada carovaniera, apparve una cittadina di poche case addossate l'una all'altra. Si chiamava Phari Dzong.

Il generale Bruce diede ordine di accamparsi, e fece segno a tutti di andargli vicino.

– Che succede? – domandò Irvine dalla sua posizione in coda al gruppo.

Bruce scese lentamente da cavallo, si levò il berretto coloniale e si fece consegnare un fagotto da uno dei portatori.

– Signori... – disse con voce che aveva del tutto perso la potente tonalità di qualche settimana prima – ...siamo arrivati a Phari Dzong. Come vedete, non mi sento bene. Il dottor Somervell mi sconsiglia di percorrere con voi la Via Alta, che è anche la più veloce per l'Everest, per cui penso che dobbiamo salutarci qui. – Il generale Bruce tossì violentemente. – Ma non prima di aver brindato... con voi... al successo di questa spedizione. – Estrasse dal fagotto una bottiglia di rum, poi continuò: – Questa bottiglia, signori, ha qualcosa come centoquarant'anni. Mi ero riproposto di aprirla dopo aver conquistato l'Everest. Ma ora mi rendo conto che i miei anni me lo impediranno: oggi ne compio cinquantotto. Per cui... beviamocelo adesso tutti assieme. Poi proseguirete senza di me

– Non ci casco, Bruce – scherzò Mallory. – Scommetto che è un trucco per arrivare primo sulla cima. Tutti risero, tranne Bentley Beetham.

– Aspettate un attimo... – osservò, preoccupato. – Se il generale ci lascia... chi assumerà il comando della spedizione?

– Ne ho già parlato con il diretto interessato – rispose il vecchio Bruce.

Tutti guardarono Mallory.

– Io – rispose invece Teddy Norton.

– Ma come? – sbotta Jori. – Perché non ha nominato Mallory?

– Per tante ragioni, Jori – dice Agasia. – A Mallory fu affidato il comando delle operazioni durante le scalate, che era ciò che sapeva fare meglio. Per guidare l'intera spedizione serviva una mentalità diversa da quella di George. Più attenta e precisa. Meno sognatrice.

– Quando fu nominato Teddy Norton, in una lettera a sua moglie George scrisse: "Abbiamo in lui un comandante stupendo. Conosce il piano delle operazioni dalla A alla Z; come persona piace a tutti e ci fa sentire felici, si interessa di tutto; è semplice e temerario allo stesso tempo". E , alla fine, aggiunse: "farà meglio di quanto io avrei potuto fare al posto suo, se non altro perché parla correttamente il dialetto del luogo".

Da quel momento la spedizione cominciò la sua vera marcia di avvicinamento alle pendici dell'Everest. Norton adottò un piano di viaggio ben preciso. Verso le tre del mattino cominciavano i primi movimenti per la partenza. Nel campo si udiva solo il leggero tintinnio degli anelli di ferro che legavano i cavalli a una fune che serviva anche da recinto. La partenza degli *sherpa* era rapida e silenziosa. Su ogni cavallo venivano caricate due some dello stesso peso, legate abilmente tra loro in modo da non sbilanciarlo. Una volta libero, l'animale cominciava a trottare dietro agli altri. I primi della fila, i guidaioli, portavano al collo una sonagliera, che segnalava il percorso a tutti gli altri.

Il primo a partire era sempre Hazard. L'ultimo: Irvine. Poiché i sentieri cominciavano a farsi ripidi, caricavano sugli animali le loro tende e i loro equipaggiamenti e, conducendoli per la briglia, s'incamminavano a piedi.

Dopo gli inglesi partivano i cuochi e la retroguardia. Quest'ultima aveva il compito di raccogliere funi e pioli a cui erano state legate le bestie durante la notte e di controllare che non fosse rimasto indietro niente, mentre i cuochi raccoglievano i loro armamentari.

Si marciava per sei ore al giorno, attraversando paesaggi sempre più desolati. La vegetazione di alta montagna cedette il posto a pascoli sconfinati in cui correvano mandrie di yak selvatici e, più in alto, alle nude rocce.

In più di un'occasione fu necessario guadare un fiume: cavalli, cani e muli tenevano il più possibile la testa fuori dall'acqua, che schiumava e gorgogliava attorno a loro. Una volta raggiunta l'altra sponda, occorreva controllare che il bagaglio non si fosse bagnato, altrimenti bisognava levarlo dalle casse e asciugarlo subito, prima di continuare.

Le aree della sosta venivano decise dal battistrada, che sceglieva antichi accampamenti. Lì si trovavano subito le pietre necessarie per i focolari, muretti di pietra a cui addossare le tende e pascoli fertili in cui sfamare gli animali. I primi ad accamparsi piantavano a terra i pioli necessari a imbrigliare le bestie e a fissare le tende: tutti i pioli avevano la sommità ricoperta di spesse pelli, per evitare che si scheggiassero.

Quando gli inglesi raggiungevano l'accampamento, trovavano ad aspettarli un tè caldo, che veniva servito per sollevare lo spirito. In meno di un'ora, tutta la carovana si fermava. I cani mendicavano qualche avanzo, mentre alcuni portatori pensavano ai cavalli: li coprivano con una coperta di lana, per evitare che patissero il freddo durante la notte e, ai più affaticati, davano un sacco di piselli secchi da mangiare. I cani venivano poi legati al riparo dei bagagli e i portatori, per ultimi, pensavano a sé.

Portate a termine queste incombenze, nell'accampamento calava un silenzio perfetto, rotto solo dallo sbuffare degli animali che si muovevano nel sonno.

E dalle chiacchiere degli inglesi.

– Che vuoi, Sandy? – domandò Mallory all'amico, facendolo entrare nella tenda. Erano tende molto alte, a forma di A, spaziose, ma pesanti da trasportare. All'interno di ognuna c'era una branda, uno sgabello pieghevole e un tavolino su cui ardeva una lanterna.

– Parlare. – Sandy si sfregò le mani, scaldandole con il fiato caldo. – Fa sempre più freddo e sembra che il vento stia per strappare la tenda da un momento all'altro. Dovrebbero farle a forma di igloo, le tende. In questo modo non volerebbero via.

– Che c'è?

– Ho sentito che state preparando dei piani di scalata. So che ogni sera tu, Norton e Somervell ne discutete. Se potessi dire la mia...

– In realtà non abbiamo idee molto precise. Norton sta cercando di organizzare i portatori in modo da sapere esattamente chi trasporta cosa. E tutto il resto ruota attorno alla mia idea di organizzare lungo le pendici dell'Everest sei campi, uno più in alto dell'altro e sempre più piccoli, fino al campo VI.

– A che altezza vorresti arrivare con il campo VI?

– Il più vicino possibile alla vetta. Almeno a 8200 metri.

– Pensi che gli *sherpa* riusciranno a portare i pesi fino a quell'altezza, quando dovremo abbandonare i cavalli?

Mallory annuì. – Sono uomini incredibili. Dobbiamo tentare. Sono convinto che solo partendo da un campo VI a quell'altezza ci sia una minima possibilità di arrivare in cima… e tornare giù in tempo, prima che faccia notte.

– Avete già deciso chi andrà… e come?

– No. Ma vogliamo organizzare due squadre distinte, per fare due tentativi, l'uno dopo l'altro. Uno senza ossigeno e uno con l'ossigeno.

– E tu in quale dei due tentativi ti metteresti?

– Come vanno le tue modifiche alle bombole?

Sandy si sedette sul bordo del letto. – Sto cercando di mettere a posto i respiratori, perché sono troppo pericolosi: conto di alleggerirli.

– Sarebbe magnifico.

Andrew fece per andarsene, poi gli venne in mente un'altra cosa. – George, quando eravamo sulla nave, mi dicesti che c'è un segreto, per arrampicarsi in montagna.

– Me lo ricordo.

Andrew sorrise. – Ma come pensi di arrampicarti, se continui a dimenticarti i ramponi da ghiaccio a ogni accampamento che smontiamo?

Mallory si guardò intorno, protestando. – Non li ho dimenticati… li avevo tirati fuori dallo zaino solo per… Ma non è possibile!

– Li ho presi io, non preoccuparti: sono nella mia tenda – disse Sandy avviandosi all'uscita della tenda.

Mallory maledisse la propria distrazione.

– Se dovessimo salire insieme dal campo VI... George... lascia che parta dopo di te. Saresti capace di dimenticare la macchina fotografica o i razzi per le segnalazioni!

Il 19 aprile Karma Paul, l'interprete della spedizione, raggiunse Mallory per dargli la notizia che il generale Bruce era tornato a Darjeeling. Aveva davvero contratto la malaria.

– Ma è vivo? – si informò Mallory, preoccupato.

Karma Paul non lo sapeva.

Disse solo che lo Zio Nero era tornato indietro.

VIII

Norbulingka,

il giardino delle pietre preziose

(Tibet, 19-29 aprile 1924)

Il gruppo si lasciò alle spalle la minacciosa fortezza di Kampa Dzong, che si ergeva bianchissima lungo la fiancata della montagna. Quando la superò, dalle sue alte mura provenne un suono lancinante e acuto, che si sparse in tutta la valle.

Era il suono degli affusolati oboi e delle lunghe trombe suonate dai monaci tibetani.

– Ci hanno visti – mormorò Norton – e ci segnalano che stiamo entrando nelle loro terre sacre.

Il gruppo passò oltre la fortezza, tenendo gli occhi incollati a quella gigantesca città di roccia. Chi mai aveva potuto costruirla, lassù, a quell'altezza?

La compagnia era piuttosto allegra: Mallory, Somervell e Odell discutevano su come affrontare la scalata.

Hazard, invece, si era chiuso in un misterioso silenzio. Irvine e Beetham chiudevano la fila. Irvine sembrava essersi abituato alla fatica, mentre Beetham cavalcava piegato in due.

– Tutto bene, Beetham? – gli domandava il ragazzo quasi ogni ora, per prenderlo in giro. A Beetham era venuto un fastidiosissimo disturbo intestinale, che gli impediva praticamente di muoversi. Irvine sorrideva, ripensando a quando l'alpinista s'era preso gioco di lui, durante il viaggio in nave.

Il capitano John Noel documentò con la sua telecamera l'intero viaggio. Era seguito da un piccolo esercito di ragazzotti e corrispondenti, che facevano la spola con Darjeeling per mettere al sicuro le sue pellicole.

– Basta, John! Voglio lavarmi in santa pace! – sbottò una volta Mallory, aggredendolo. Era il 20 aprile e il gruppo si stava avvicinando alla città fortezza di Shegar. – Appena metto il naso fuori dalla tenda, ti trovo già pronto a farmi una fotografia! Ma non dormi mai, tu? Dammi quella maledetta macchina!

– Non se ne parla, George! Con questa foto potrò spiegare alla gente comune come ci si lava a queste altezze. È una curiosità! Non rompere quella macchina: è un'autentica Kodak Vest-Pocket! Ed è di Somervell!

Mallory, a torso nudo nonostante la temperatura, riuscì a strappargli di mano la piccola macchina fotografica tascabile. – Una curiosità… E perché allora non mi fotografi anche quando…?

– Già fatto, George, già fatto. Dammi la macchina, dai!

Allibito, Mallory gliela consegnò.

Raggiunsero Shegar: una città bianca, costruita in verticale, sulle rocce. Alla base della città sorgeva una grande tenda per le cerimonie e le preghiere. Da là, fino alla città immacolata, era tutto un tripudio di bandiere di stoffa bianca, che schioccavano continuamente al vento.

I veterani della spedizione, che avevano già avuto modo di conoscere le bandiere di preghiera, lasciarono ai nuovi venuti la curiosità di domandarne la ragione all'interprete Karma Paul.

– Quando preghi... – rispose Karma Paul – ascolti la bandiera... la bandiera batte con il vento.

– Chiaro, non è vero? – disse Mallory.

– Sì – rispose Irvine, più che mai convinto. Poi confabulò un po' con Karma Paul, usando anche alcune parole del suo dialetto tibetano. Sandy aveva già imparato un po' della loro lingua.

– Che gli stai dicendo?

– Karma Paul mi ha detto che se abbiamo un po' di tempo mi accompagna a Shegar.

– E tu vuoi andarci?

– Magari trovo qualche bel tappeto di lana.

– Un tappeto di lana? E che ci vuoi fare? Ti serve per far funzionare la tua ultima invenzione?

– Se alludi al mio sistema per cuocere la carne alla brace, sappi che quello funziona già perfettamente, George. Solo quando lo usa Somervell la carne è sempre per metà al sangue e per metà carbonizzata!

Comunque, mi dai il permesso di salire fino a quel villaggio a comprare dei tappeti? Sono un regalo per mia sorella. Gliel'ho promesso.

George si passò una mano tra i capelli, che gli stavano dritti sulla sua testa, come se fossero stati elettrici. – Vai pure, a patto che ti porti dietro anche Noel e le sue macchine fotografiche!

– Ok.

– E che se parli con un tibetano cerchi di non stargli sottovento. Mangiano aglio anche a colazione!

Mentre Sandy, Karma Paul e Noel salivano a Shegar, nell'accampamento si tenne una specie di consiglio di guerra. Mallory, Somervell, Norton, Geoffrey Bruce, Hazard e Odell montarono un tavolo in un angolo protetto dal vento, ci distesero sopra le mappe e le tennero ferme con quattro marmitte di latta piene di pietre.

– Mallory, a te la parola – esordì Norton, aprendo la discussione.

George si alzò. – Secondo la nostra esperienza degli scorsi anni, dovremmo raggiungere il campo base, oltre i 5000 metri, entro il 29 aprile. Ciò che ci preme di più è raggiungere la cima prima dell'arrivo del monsone. Perché, con il monsone... i venti si caricano di pioggia e la montagna si trasforma in un muro di nebbia. È impossibile vedere a un metro di distanza. Ma la nebbia è il meno, perché con il monsone cominciano anche le tempeste di neve.

– Per quando è previsto? – domandò Hazard. Fu uno dei rari momenti in cui lo si sentì parlare.

– Impossibile prevedere la data precisa, ma secondo gli uffici meteorologici dell'India arriverà la prima settimana di giugno. Questo significa che, una volta raggiunto il campo base, abbiamo meno di un mese per salire. – Mallory diede un'occhiata ai suoi appunti. – Secondo il mio piano, potremmo essere in vetta il 17 maggio.

Gli altri si guardarono.

Norton prese la parola: – Il piano di Mallory è l'unico che può funzionare. Poiché gli uomini di maggior esperienza, qui, sono Mallory e Somervell, a loro sarà affidato il comando di due squadre distinte. Dobbiamo riuscire ad arrivare sulla cima e, per farlo, dobbiamo creare le condizioni perché almeno una delle due squadre possa tentare la via della vetta.

– Intendi dire… che non ci proveremo tutti assieme? – domandò Geoffrey Bruce.

– No, Bruce – replicò Mallory. – Gran parte delle bombole sono danneggiate. Risultato: non ce ne sono abbastanza per tutti. Dovremo scegliere chi salirà e con quale equipaggiamento. E c'è un altro particolare: il peso. Perché l'ossigeno sia un vantaggio, è necessario che ci siano scalatori capaci di portarlo su prima di chi lo deve usare, scalatori che si avvicinino alla cima, ma che non avranno l'autorizzazione a provarci.

– Come se fossero *sherpa* – obiettò Hazard.

Norton annuì. – Dobbiamo fare un lavoro di squadra. Uniti. Ognuno con il suo compito, senza dare importanza a chi tenterà la via della vetta. Ognuno dovrà pensare a una parte ben precisa. Altrimenti... niente da fare. Costruiremo sei campi, uno più in alto dell'altro. Il campo più importante sarà il campo IV, a quasi 8000 metri, direttamente sopra la collina di ghiaccio conosciuta come il Colle Nord. Raggiungere il Colle Nord è quasi più difficile che arrivare alla cima. È come camminare sulla lama di un coltello, senza avere le scarpe. Il campo IV sarà compito di Hazard e di Beetham... ma dov'è Beetham?

– Nella tenda. Non sta bene.

– E i campi V e VI? – Domandò Odell.

Norton continuò: – Come capo della spedizione, ho selezionato dei nomi sulla base delle vostre capacità e attitudini. Chi non è d'accordo con le mie scelte dovrà dirmelo subito e spiegarmene il motivo. Odell: tu e Geoffrey Bruce penserete al campo V, senza poter tentare la cima. – Norton attese un secondo, fissando in volto il professor Odell per capire la sua reazione. Odell restò impassibile. – Dopodiché io e Somervell faremo un tentativo per la vetta senza l'uso dell'ossigeno e allestiremo il campo VI. Odell dovrà poi portare le bombole al campo VI e lasciarle lì per Mallory e Irvine, che saliranno, troveranno le bombole e, con quelle... faranno l'ultimo tentativo.

– Irvine? – Hazard scattò in piedi. – Volete affidare l'esito della spedizione a un ragazzino?

Ci furono proteste un po' da tutti.

– Non sarebbe meglio se fosse Irvine a portare le bombole al campo VI e, il giorno dopo, le usassero Mallory e Odell? Sandy non ci dà alcuna garanzia!

– Sandy è sicuro ed efficiente. Energico. Forte – disse allora Mallory, alzandosi in piedi. – Inoltre sta modificando le bombole d'ossigeno per renderle più leggere.

– Ma non ha nessuna esperienza di alpinismo! – esclamò Hazard, guardando il professor Odell. – È troppo giovane!

– Se Sandy è con noi, oggi – rispose il geologo, corrucciato – non è perché ha venti, trenta o quaranta anni. È perché è in gamba.

Dopo Shegar, salirono in una ripida gola rocciosa. Un vento gelido soffiava dall'alto, togliendo quasi il fiato. Tutti lamentavano difficoltà di respirazione e vertigini. Alcuni *sherpa* trassero di tasca uno spicchio d'aglio e se lo misero davanti alla bocca, nella speranza di trovare sollievo, mentre altri camminavano all'indietro, pregando.

– Ma che fanno? – domandò il professor Odell a Mallory.

– Gli *sherpa* sono convinti che la montagna esali gas velenosi, che fanno perdere i sensi. Respirano l'aglio per via dell'odore, che li aiuta a tenersi vigili, e camminano all'indietro per non respirare questi gas. Invece è un problema di pressione: con meno ossigeno nel cervello cominci a sragionare…

Il 24 aprile, la spedizione attraversò un interminabile altipiano sassoso e si fermò presso un villaggio chiamato Tingri Dzong. Irvine prese da parte il dottor Somervell e, insieme, provarono le bombole d'ossigeno modificate. Camminarono senza troppa fatica, inalando energia dai respiratori.

– Che cosa ne dici, dottore? – domandò Irvine, alla fine delle prove.

– Non mi sembra che funzionino male, Sandy. Cosa hai fatto, esattamente?

– Ho cambiato i telai, i dosaggi e i respiratori: questi pesano almeno tre chili in meno degli altri, hanno più pressione e sono più robusti. Li ho chiamati respiratori Mark V – rispose Sandy, raggiante. – Chi li userà per tentare la vetta, mi ringrazierà.

Il dottor Somervell si stupì. – Mallory non ti ha ancora detto niente, ragazzo?

– Di che cosa? – Irvine cominciò a riporre le preziose bombole dentro a una sacca imbottita di paglia e lanugine.

Somervell cambiò discorso, senza rispondergli.

Nei quattro giorni successivi, alcuni animali da soma non riuscirono più a proseguire. I portatori si caricarono in spalla le loro sacche e si formò una lunga colonna di animali e persone, avvolte in spirali ascendenti di aria ghiacciata. Il 28 aprile la compagnia giunse in vista di un monastero di monaci tibetani, incorniciato tra rocce e scalinate di pietra. Quando i monaci li videro, li annunciarono alla montagna con i suoni bassi e lugubri delle trombe.

La sera del 28 aprile pioveva acqua mista a neve e, dopo una cena leggera, tutti si ritirarono nelle tende. Nonostante il peggioramento del tempo, il loro animo era piuttosto tranquillo. Ma tutti, prima di addormentarsi, ripensarono alle parole sfuggite a Somervell durante la cena: – Se ci fosse una musica, mi farebbe piangere.

Il mattino dopo raggiunsero con grande fatica il pianoro erboso in cui avrebbero dovuto montare il campo base. Era una giornata di neve e pioggia e il cielo era coperto di nuvole.

– L'Everest non ci sta dando il benvenuto… – osservò il professor Odell, rabbrividendo per lo spettacolo desolato. L'erba che ricopriva il pianoro cresceva sopra uno strato di terra ghiacciata.

– E il caldo è finito per sempre – aggiunse Somervell, avvolgendosi attorno al collo una sciarpa di lana.

Irvine vide Mallory, immobile, in piedi sopra una roccia. George guardava fisso davanti a sé, dove si vedeva solo un'indistinta barriera di neve e contorte nuvole scure.

– Che cosa guardi… George?

– Là – rispose lui, indicando le nuvole grigie che rotolavano l'una addosso all'altra.

– Siamo arrivati nel giorno peggiore...

– Aspetta – gli suggerì Mallory, prendendolo per un braccio.

Irvine si mise al suo fianco, fissando il bianco guizzare della tempesta. Alle loro spalle, Norton urlava ordini ai portatori che scaricavano i bagagli.

– Guarda – sussurrò Mallory a un certo punto.

Fu come se avesse pronunciato una formula magica. Le nuvole sembrarono aprirsi in una successione di quadri dissolventi, un apparire e scomparire di creste e punte colpite da luce sempre più viva e meno vaporosa. Irvine vide crestoni di ghiaccio giganteschi e gobbe contorte e ondulate, che salivano fino a una grande piramide di pietra bianca, solitaria nel mezzo del cielo.

– Eccola – disse Mallory.

La Dea Madre del Mondo, nella sua corte di tempeste.

Erano arrivati.

– Accidenti... – mormora Jori, guardando Agasia. – Ma... come fai a sapere tutti questi particolari? Mi sono immaginato tutta la scena come se ci fossi stato anch'io, in quel campo base...

Agasia sorride.

– Io intanto... – dice Febe, dopo un profondo sospiro – lasciai gli Stati Uniti per andare in Inghilterra. Mi diressi a Cambridge, per incontrare una persona...

– La signora Ruth Mallory? – le domandai. Ruth si voltò, passandosi una mano tra i lunghi capelli neri. Quando mi vide, mi fissò con un'espressione stupita e confusa.

– Sì? Che cosa desidera?

Le porsi la mano, presentandomi. – Mi chiamo Febe... e ho conosciuto suo marito George qualche tempo fa. Mi dispiace disturbarla qui – Ruth era uscita di casa per fare acquisti – ma non sapevo in che altro modo contattarla.

– Contattarmi... per cosa?

– È per via di suo marito.

– Ah, certo. – Ruth sembrò disinteressarsi alla conversazione e si incamminò lungo il marciapiede, annuendo. Dovevano essere in molti ad avvicinarla per chiederle notizie di George. – Mi dispiace deluderla, signorina, ma non ho sue notizie da qualche tempo – mi disse, piuttosto seccamente.

– Non volevo chiederle nulla, Ruth. – Le sorrisi, costringendola a fermarsi. – Volevo solo dirle che sta bene. Sono arrivati sani e salvi al campo base e, anzi, sono già saliti oltre. Hanno allestito due campi: il campo I e il II. Il dottor Somervell ha fatto a tutti dei prelievi di sangue per controllare la percentuale di emoglobina e ha avuto buoni risultati. Stanno risalendo una gola chiamata Braccio Est, per preparare il campo III. George è quello più in forma di tutti, signora Mallory.

– E come… e come fa a sapere queste cose?

– Non è facilissimo da spiegare… Lassù, con loro, c'è un mio amico. Io… io posso vederlo.

Ruth fece un gesto spazientito. – Signorina, la prego di non prendermi in giro.

– Non la sto prendendo in giro! Volevo solo offrirle il mio aiuto. Se si sentisse sola, se volesse sapere che cosa sta succedendo alla spedizione… io sto all'albergo in Victoria Road.

– La smetta! – esclamò lei, voltandosi di scatto.

– La scorsa settimana George le ha spedito una lettera, consegnandola a uno dei ragazzi del capitano Noel – continuai. – Le ha scritto che è contento che abbiano nominato Teddy Norton capo della spedizione… e ha aggiunto che il morale degli uomini passa dalla frustrazione più nera al desiderio di continuare. E vorrebbe che lei fosse là, vicino a lui.

Ruth si passò una mano sulle guance per asciugarsi le lacrime, ma non si fermò. «Sei sempre lo stesso, amore mio» pensò. «Pensi sempre a ciò che è distante, a ciò che non puoi avere. Quando eri qui, pensavi al *Chomolungma*, all'Himalaya e a quelle vette da conquistare. Ora che sei là, ti ricordi di me.»

Corse agitata fino a casa e si fermò solo dopo essersi chiusa la porta dietro alle spalle.

– Un amico? – domanda Jori. – Tu potevi davvero vedere quello che succedeva sull'Everest?

Febe annuisce.

– E quindi... lassù... con Mallory e Irvine...? – Jori non riesce a terminare la domanda. Fissa Agasia, che riprende il racconto.

IX

CHOMOLUNGMA, LA DEA MADRE DEL MONDO

(Everest, 5-11 maggio 1924)

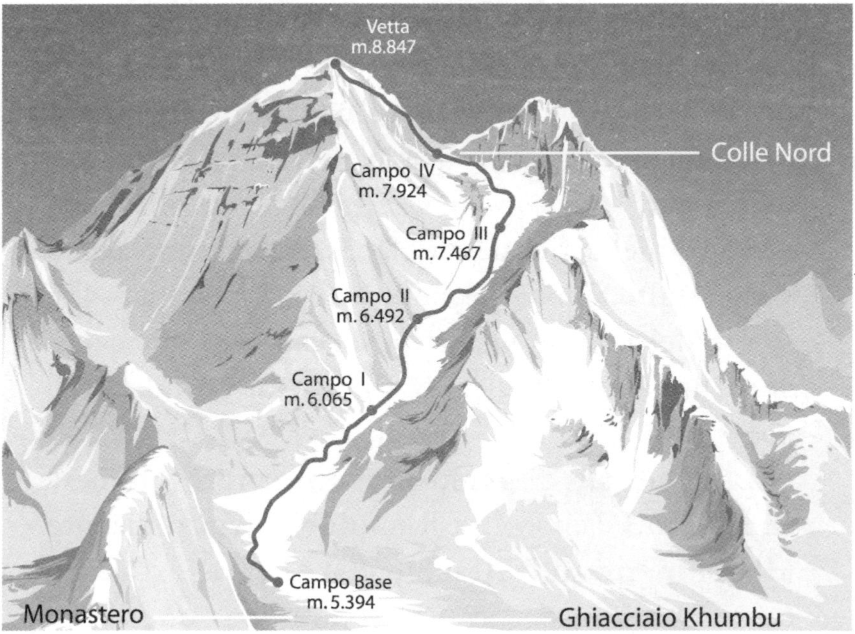

Il maltempo perdurava, ma decisero di continuare. Attaccarono il Braccio Est il 5 maggio, di primo mattino, con un gruppo di trenta portatori e quattro inglesi: Mallory, Irvine, Odell e Hazard.

– Vai avanti! Forza! Vai ancora avanti! – gridava Mallory, nel vento. Dovevano cercare di costruire il campo III alla sommità del Braccio Est. I portatori erano chini sotto i giganteschi sacchi di stoffa degli equipaggiamenti. Mallory, in fondo alla colonna, era per metà affondato nella neve. Intorno a loro era tutto un turbinio di aria fredda e fiocchi grossi come pugni. – Andate! Andate! Non possiamo fermarci qui! – urlava George, spingendo gli ultimi portatori della fila perché facessero un altro passo verso l'alto. La salita nella neve era ripida. Alle spalle del gruppo una serie di canaloni ghiacciati sprofondavano taglienti fino a un grande lago ghiacciato.

La tempesta di vento li aveva sorpresi a metà strada tra il campo II e il loro obiettivo: il pianoro alla sommità del Braccio Est. Per allestire un campo, infatti, occorreva trovare una zona il più possibile sgombra di neve o comunque in piano. Bisognava che fosse protetta dal vento e dal rischio di valanghe.

E una zona del genere esisteva.

– Andate su, maledizione! Andate su! Ci siamo quasi! – Mallory, a ogni grido, sentiva il gelo scendergli in gola. Nell'aria c'erano tante schegge sottili che pungevano come vetro. Irvine, Odell, Mallory e Hazard portavano calze e guanti di lana, ma gli *sherpa* erano a mani nude e spesso le infilavano nella neve per mantenere l'equilibrio.

– *Sahib*! *Sahib*! – gemette uno di loro – Sta per far notte! Dobbiamo fermarci!

Erano appena passate le cinque e il cielo si stava scurendo. In testa alla comitiva, Irvine si appoggiò alla piccozza su cui aveva intagliato il suo numero fortunato, il 3. Dietro di lui, il professor Odell stava vacillando sotto il peso dello zaino.

– Andate avanti! – gridò ancora Mallory, dal fondo. Poi l'inglese cominciò a risalire la fila, incoraggiando i portatori a uno a uno. – Forza! Forza!

Odell sembrò accasciarsi vicino a Irvine. Il suo pizzetto si era trasformato in una maschera di ghiaccioli. – Non so come faccia... Mallory... a trovare tutta quell'energia – sibilò.

Irvine aprì una tasca della sua tuta da montagna facendone scorrere la cerniera. – Cioccolato, professore? La tira un po' su. – Porse a Odell una tavoletta di fondente, con le dita che tremavano nonostante i guanti di lana.

– Ce l'ho anch'io, in effetti, ma è sotto a tutta la roba. Grazie, Sandy... – Odell addentò avidamente il cioccolato.

– Vede che a qualcosa servono, le tasche sulla tuta?

Alle sei e trenta di sera riuscirono a raggiungere il pianoro in cima al Braccio Est. Montarono solo qualche tenda, troppo stravolti per pensare ad altro. Irvine avrebbe voluto cucinare qualcosa, ma alla fine si limitò a finire la sua riserva di cioccolato.

Poi si addormentò di colpo.

George si svegliò molto presto e si preparò. Sentendolo, Sandy si girò nel sacco a pelo, con le palpebre pesanti. Gli sembrava di essersi appena addormentato: a ogni movimento spalle e ginocchia gli restituivano fitte continue.

– Stanno arrivando gli altri portatori – spiegò Mallory, già vestito ed equipaggiato. – Vado a prenderli.

– Che... che ore sono, George?

– È tardi. Sono le sei e mezzo. – Poi uscì.

Sandy fissò il soffitto di stoffa della tenda, incapace di muoversi. Mallory non gli aveva detto di andare. Non gli aveva chiesto di accompagnarlo. *Lui* andava giù a prenderli.

– Ma quanta energia ha quell'uomo? – brontolò, girandosi nel sacco a pelo per tornare a dormire.

Due ore dopo, Irvine trovò la forza di prepararsi una colazione fredda a base di salsiccia e mezza tazza di latte condensato. Poi uscì dalla tenda e salutò Hazard e il professor Odell.

– *Sahib*! *Sahib*! – gridarono i portatori, vedendo Irvine. Anche loro erano molto stanchi e alcuni non sentivano più le dita delle mani e dei piedi.

– Sono principi di congelamento... – osservò Irvine. – Ho con me una cassetta per il pronto soccorso, ma qui ci vorrebbe il dottor Somervell!

Rimboccandosi le maniche, Odell e Irvine entrarono nelle varie tende degli *sherpa* per curare i feriti. Nel frattempo, il vento ricominciò a soffiare. Quando ebbero finito di armeggiare con bende e ossido di zinco per le fasciature, era già pomeriggio inoltrato.

– Uno degli *sherpa*... – mormorò Odell, spingendosi sulla gola la sciarpa ghiacciata – ...ha le gambe completamente viola. Dovremmo portarlo giù.

– Dove è Hazard? – domandò Irvine, guardandosi intorno.

Al campo III si sentivano solo il vento e i lamenti dei portatori.

Mallory era in una situazione simile a quella del giorno precedente, ma più difficile. Stava guidando la nuova squadra di *sherpa* nel Braccio Est, ma si era reso conto che, con quei carichi giganteschi, nessuno sarebbe arrivato vivo al campo.

– Scaricate! Scaricate! Non possiamo andare avanti! – gridò allora. I portatori obbedirono immediatamente all'ordine e gettarono alla rinfusa tutto il loro carico. Gli abiti di lana sembravano di ferro: si attaccavano alla pelle senza più staccarsi.

Mallory cercò di orientarsi, ma non aveva nessun punto di riferimento, sapeva solo che doveva salire. Afferrò lo *sherpa* più vicino, lo guardò fisso negli occhi e gli disse: – Dammi la mano! La mano! Dobbiamo proseguire uno accanto all'altro... altrimenti ci perderemo! Dillo agli altri!

Lo *sherpa* capì. La lugubre lingua tibetana si perse nel coro del vento. – Sì, *sahib*. Veniamo. Ma i rifornimenti? E le tende?

– Al diavolo la roba e le tende! Andiamo!

Mallory cominciò a salire, affondando a ogni passo nella neve fino al ginocchio. Anche senza gli zaini, la comitiva di *sherpa* saliva molto lentamente. E la visibilità era così scarsa che avrebbero potuto passare a meno di un metro dal campo III senza accorgersene. Se solo al campo avessero acceso una luce…

Mallory sentiva la mano sinistra sempre più fredda, mentre la destra stringeva la mano nuda dello *sherpa*. E, da quella, riceveva energia.

Era una situazione disperata. Mallory tremò al pensiero che questa volta non ce l'avrebbero fatta perché il campo III era ancora troppo distante. Salì perdendo il senso del tempo.

Alla fine scivolò, ma un istante prima di cadere sentì un braccio afferrargli la mano sinistra.

– Ormai ci sei, George – disse una voce che non sentiva più da tempo.

John Hazard era andato a prenderli.

Quella notte infuriò una delle peggiori tempeste della storia dell'Everest. Gli inglesi si strinsero in un'unica tenda, lasciando le altre agli *sherpa* appena arrivati. La neve si ammonticchiava all'entrata e si insinuava anche dentro, bagnando i sacchi a pelo. Quando Irvine guardò il termometro, segnava -21 gradi.

– Respirate, gente – disse il professor Odell, che dormiva accanto a lui. – Non dovete dormire. Fatemi sentire il vostro fiato caldo sul collo. Fatemi capire che siete tutti ancora vivi.

Il piano di attacco all'Everest non poteva prevedere una simile furia della montagna. Il giorno successivo, l'8 maggio, Mallory e Hazard scesero al campo II, insieme a quasi tutti i portatori: era una triste colonna di persone stravolte dalla fatica.

Vedendoli scendere dal Braccio Est, il colonnello Norton si infuriò... e si infuriò ancora di più quando venne a sapere che la seconda spedizione aveva abbandonato tutti i suoi carichi nel bel mezzo del ghiacciaio.

– Siamo senza rifornimenti! Avete perso il carico! La colonna si è rotta! – strepitò, senza riuscire a calmarsi.

– Non mi interessa se non abbiamo il carico! Non mi interessa se si è rotta la colonna! – gridò allora Mallory, in risposta. Accanto a Norton c'era Geoffrey Bruce, appena salito al campo II dal campo base.

– Non è una grande idea litigare davanti ai portatori – disse Geoffrey Bruce. La neve, onnipresente, continuava ad appiccicarglisi alla faccia.

– Se i portatori cominciano a lasciare gli zaini dove vogliono loro, George, non li teniamo più – continuò invece Norton. – Dovevi farli portare su fino al campo III. Erano questi gli accordi!

– Accordi? Ma non li vedi? – sbraitò Mallory, indicando i corpi degli *sherpa*, che dormivano sulla neve, con qualche coperta di lana a proteggerli dal freddo. – Non ti accorgi che sono mezzi morti? Il dottor Somervell ha detto che a uno dovrà... dovrà tagliare le gambe, Norton! A quello *sherpa* si è congelato il sangue fino alle ginocchia, ma continuava a camminare perché... io... glielo ordinavo. No! Avremmo dovuto tornare giù una settimana prima. O restare al campo base, con Beetham!

Norton scosse la testa. – Capisco la bufera. Capisco tutto. Ma... non capisco questo amore per gli *sherpa*.

– Vai su tu, se ci riesci, colonnello – disse allora Hazard, fino a quel momento rimasto impassibile alle spalle di Mallory. – Vediamo cosa sai fare. Mettiti uno zaino sulla schiena e vai su tu.

– Che vuoi dire, Hazard? Io ci sono già stato, lassù. Sono salito quasi in cima!

– Anch'io sono già salito, Norton, ma non c'era mai stata questa bufera! – gridò Mallory. – Hazard ha ragione: solo un pazzo proseguirebbe. Dobbiamo aspettare che smetta.

– Chi c'è ancora al Braccio Est?

– Venti portatori – rispose Hazard, per nulla addolcito. – Sandy, Odell… e il dottor Somervell li sta raggiungendo con qualche medicinale: compresse di piombo e oppio, per calmare il dolore. Sandy starà dividendo le sue ultime razioni con gli *sherpa*, ma se non portiamo loro qualcosa da mangiare, e in fretta…

– Non deve dividere le sue razioni! – esclamò Norton.

– È meglio non avere niente da mangiare o sentire gli *sherpa* che muoiono di fame, colonnello?

– Hazard! Basta!

Mallory indicò il Braccio Est con la mano guantata. – Ha ragione Norton. Io torno su, adesso. Dammi gli zaini che sarebbero toccati ai portatori. Ora dobbiamo salire al campo III… dagli altri… e basta.

– Vado anch'io – disse Geoffrey Bruce.

Norton lo guardò. Geoffrey indossava un cappello bianco e aveva la barba lunga piena di cristalli di ghiaccio. – Bruce, sei appena arrivato… forse faresti meglio a riposarti.

– Vado anch'io – ripeté Geoffrey Bruce.

Salirono. Mallory era sceso per quella stessa via qualche ora prima ed era molto stanco. Non dissero una parola fino a quando furono molto vicini al campo III.

– So che non ci crederai, George… – disse Bruce, annusando l'aria. Il suo viso era nascosto dal cappello e dagli occhiali da neve – …ma sono così stravolto che mi sembra di sentire odore di roast beef.

I due erano legati in cordata con altri quattro portatori, che avevano accettato di accompagnarli. Tra i quattro c'era anche l'uomo a cui Mallory aveva preso la mano due giorni prima. Mallory saggiava ogni passo con la piccozza, scavando gradini nella neve ghiacciata o utilizzando quelli lasciati in precedenza. Anche lui annusò l'aria. Poi si mise ad ascoltare.

– E a me sembra di sentire il rumore di un motorino… sembra un…

Mallory scavalcò un gradino, raggiungendo lo stretto pianoro che costituiva il campo III.

– …sembra che uno di quegli aggeggi per cuocere la carne alla brace stia funzionando – terminò Mallory, fissando il campo III.

Sandy Irvine corse loro incontro sorridendo. Era tutto coperto di fuliggine, ma nel campo aleggiava un odore invitante di carne alla brace.

Nell'area di sosta di Brandon, Agasia, Febe e Jori scendono dal pullman e raggiungono un chioschetto di bibite e panini. Quando ha sentito parlare della carne alla brace cucinata da Irvine, a Jori si è aperto un buco nello stomaco, che intende riempire al più presto.

Agasia e Febe non ordinano niente.

– E poi... poi cosa successe? – domanda Jori, con la bocca piena.

Febe dice: – Ruth ricevette una lettera dall'India... e mi venne a cercare.

Ruth Mallory bussò alla porta della stanza numero due del College Inn. Andai ad aprire e lei mi mostrò la lettera.

– Come faceva a saperlo?

Le sorrisi. Era la lettera di cui le avevo parlato la settimana prima. Quando l'aveva letta, Ruth si era ricordata del nostro incontro. Come aveva fatto, quella ragazzina, a sapere ciò che George le aveva scritto?

Ruth cominciò a leggere. – Parola per parola – concluse – tutto quello che mi aveva detto lei. E così... quando me ne sono ricordata... se, davvero, lei avesse qualche informazione di più... su di lui...

– Venga dentro, signora Mallory.

– Ruth. Se mi fido di te voglio che mi chiami Ruth.

– Vieni Ruth. – La feci accomodare nella camera dell'albergo. – Metti tutto sul letto, tanto io non lo uso: non ho bisogno di dormire.

Ruth si bloccò di colpo e sentì rinascere in sé tutta

la sua diffidenza. – Non puoi fare a meno di prendermi in giro…

– Febe… è così che mi chiamo.

Ruth mi guardò con un'espressione quasi cattiva. – Perché ho la sensazione che tu ti stia prendendo gioco di me, Febe? Perché mi devi illudere? E… e come fai a farlo tanto bene?

– Vuoi che sia io a parlare o vuoi parlare tu?

Ruth si sedette sul letto, rigida come una statua. – Dove… che cosa… sta bene?

Io sorrisi. – Sì. Sta bene. Sono in mezzo a una tempesta di neve e vento…

– Oh… no!

– …ma quel ragazzo, Irvine, ha disposto le tende in modo da formare un rifugio a forma di igloo e adesso si sono radunati tutti a parlare. Il dottor Somervell e il professor Odell giocano a carte… e Odell continua a perdere. – Ruth si lasciò scappare una risatina nervosa. – Irvine è seduto per terra e sta smontando una bombola d'ossigeno, mentre George… George sta leggendo una poesia ad alta voce…

> La mia spada scalza gli elmi dei nemici,
> La mia forte lancia li trafigge sicura,
> La mia forza è la forza di dieci,
> Perché il mio cuore è puro.

A quelle parole, Ruth scoppiò a piangere; mi sedetti accanto a lei, abbracciandola.

Era la poesia di Sir Galahad.

– Non aver paura – la consolai. – Il mio amico li aiuterà, fino alla fine... – Poi mi concentrai sui pensieri di Ruth e intuii che, per lei, qualunque cosa riguardasse il presente era troppo dolorosa.

– Come vi siete conosciuti, tu e George? – le domandai. – Hai voglia di raccontarmelo?

– Non hai bisogno di dormire?!? – Jori si fa quasi andare di traverso il panino. Poi pensa: «Non dorme, non mangia, legge i pensieri della gente, vede le cose a distanza» – Ma... ma chi sei davvero? Una specie di agente segreto?

– Chi siamo, vorrai dire – ridacchia Agasia.

Salgono nuovamente sul pullman, ritornando ai loro posti.

– Siamo due Dormienti, Jori.

Jori li guarda interdetto.

– E cosa sarebbero due Dormienti?

– Posso spiegartelo alla fine?

Il ragazzino annuisce... e Agasia riprende il racconto da dove si era interrotto.

X

KOSHM,
IL RIFUGIO

(Everest, 11-15 maggio 1924)

Poiché la tempesta non accennava a placarsi, l'11 maggio il colonnello Teddy Norton diede l'ordine di ritirarsi. Hazard salì al campo III ad avvertire gli altri, poi, tutti insieme, cominciarono a scendere verso il campo base. A Irvine girava la testa. Sentiva, a ogni passo, le ginocchia piegarsi e protestare e scoprì che era più faticoso scendere che salire.

– Lasciamo tutto lì? – domandò al dottor Somervell, quando abbandonarono il campo III.

– E chi vuoi che venga a rubare? – rispose il dottore, tossendo. Somervell aveva cominciato a tossire la sera prima, quando la temperatura era crollata a dieci gradi sottozero. I pantaloni di velluto, le giacche di tweed, le spesse calze di lana di cachemire, sembravano non poter fare niente per tenere lontane quelle continue staffilate di gelo.

La discesa al campo base occupò l'intera giornata. Superato il colle del campo I, la bufera diminuì di intensità, consentendo loro di procedere per gli ultimi chilometri senza gli occhiali da neve. Il gruppo dei *sahib* non litigò più, anzi, Norton e Mallory sembravano essersi riconciliati.

Quando raggiunsero le grandi tende del campo base, attorno alle quali giravano liberi i cavalli e correvano i cani dei portatori, furono accolti da una sorpresa: il dottor Hingston, che si era fermato a curare il generale Bruce quando si era sentito male, li aveva raggiunti, portando con sé alcune casse di medicinali e un paio di bottiglie di champagne. Si decise di festeggiare, ma, per prima cosa, Hingston e Somervell trascorsero il pomeriggio a curare i feriti. Norton, invece, prese colori e tavolozza e si allontanò per conto suo, a dipingere. La pittura era il suo modo per scaricare la tensione.

Alla sera, si riunirono tutti nella tenda più spaziosa. Il dottor Hingston portò notizie fresche dall'India: lo Zio Nero, il vecchio generale Bruce, si era preso una grave forma di malaria, ma il suo fisico robusto lo aveva salvato. Li aspettava a Darjeeling, per festeggiare il ritorno della spedizione. A quel proposito, si discusse se fosse il caso di continuare o di rinunciare del tutto.

– Finirà prima o poi, questa tempesta! – esclamò Mallory, alzando il bicchiere. – E non ho nessuna intenzione di tornare qui una quarta volta. Adesso… o mai più!

– Alla fine della tempesta! – brindarono i *sahib*, non troppo convinti.

– Accidenti, no: fermatevi! – gridò il capitano Noel, in piedi al bordo della tenda. Stava cercando di azionare la sua Newman-Sinclair. – La cinepresa si è bloccata!

Mallory sorrise maliziosamente, porgendo poi a Noel un bicchiere pieno di champagne. – Così una volta tanto brinderai anche tu!

Fu un brindisi mesto: erano tutti malconci e ricoperti di fango. Il dottor Hingston, rasato di fresco, era seduto davanti al dottor Somervell, che aveva una faccia da monello e il passamontagna messo alla rovescia. Hazard non si toglieva più il casco da aviatore e aveva la barba lunga, appuntita. George si era seduto su uno sgabello molto basso, tanto che non arrivava al tavolo: di lui si vedeva solo la testa, sulla quale si era fermato, con uno spillone, un panno di stoffa ricoperto di cera per curare il forte mal di testa.

Ma erano tutti contenti di poter, finalmente, mangiare un pasto normale.

Lo *sherpa* scivolò nell'ombra del campo base. Si avvicinò alla tenda dei *sahib* e ascoltò. Stavano ridendo. Quella tenda era l'unica zona illuminata dell'intero campo base: le montagne erano tutte coperte di bianchissima neve; sotto lo sguardo della luna, quei pendii sembravano vibrare di una tonalità di blu. La tempesta lì non era arrivata e, nell'aria frizzante, c'era un'armonia sublime.

Poiché non aveva bisogno di dormire, l'uomo uscì dall'accampamento con passo veloce, dirigendosi verso valle. Percorse circa sei chilometri, unica ombra in movimento nell'anfiteatro del grande ghiacciaio. Cominciò a distinguere, alla sua destra, le luci tremolanti delle lampade a burro del monastero dei monaci tibetani. Una stretta stradina conduceva alla prima di una ripida serie di scale, su fino all'ingresso.

Quando raggiunse la porta, una voce bassa gli chiese chi fosse. Lo *sherpa* trasse dalla sua giacca una *kata*, una sciarpa bianca della fortuna, e la porse al monaco.

– *Kuje* – rispose, parlando la lingua del monaco con accento straniero. Il *kuje* è una visita, accompagnata da alcuni doni, che si fa per chiedere una preghiera ai monaci.

– Abbiamo bisogno d'aiuto – disse lo *sherpa*, entrando nel monastero.

Il 12 maggio l'interprete Karma Paul raggiunse il colonnello Norton, seduto ai bordi esterni del campo base, intento a dipingere la cima dell'Everest, lontana, sempre avvolta dalle nubi.

– *Lama Ngag Dwang Batem Hdsin Norbu*, signore... – disse Karma Paul al capo della spedizione.

Norton lo guardò per qualche secondo. – Vedi Karma... – iniziò, flemmatico – il fatto che tu sia l'interprete, significa sostanzialmente che devi parlare la tua lingua con gli *sherpa* e l'inglese con me. E non il contrario. Cosa significa *Ngag wang bamma sam... bu*?

– Il Lama... Lama signore. Il grande capo del monastero Rongbuk. Invito. Invito. Per tutti gli *ingleis* e portatori. Grande aiuto. *Ngag Dwang Batem*...

Norton si alzò in piedi, guardando oltre il livello del pianoro del campo base, là dove la valle sprofondava e dove sorgeva il monastero di Rongbuk. – Ho capito bene? Siamo stati invitati dal Lama di Rongbuk?

– Così... signore... così!

– Questa sì che è una notizia! – esultò Norton. – Se diventiamo buddhisti, forse questa maledetta montagna ci lascerà salire fin lassù!

La notizia dell'invito al monastero fece rapidamente il giro dell'accampamento. L'intera spedizione percorse i sei chilometri che dividevano il campo base dal monastero.

Una strana agitazione si impadronì di Mallory e di Norton quando cominciarono a salire i gradini della scalinata. Furono accolti da una coppia di sacerdoti che reggevano profumati rami d'incenso. Nelle nicchie delle scale c'erano centinaia di stoppini immersi in pani di burro che si scioglievano a poco a poco e creavano una luce danzante. Erano le lampade a burro.

Mallory e Norton furono gentilmente scortati nella sala delle adunanze dei monaci, chiamata *dunkhang*. Le pareti erano affrescate di colori vivissimi e grandi lampade ardevano ai lati di statue dorate del Buddha. Fu loro offerta una ciotola con latte acido, riso, burro, zucchero e uva passa.

Quando ebbero terminato, uno dei monaci parlò e Karma Paul tradusse: – Il Grande Lama vi attende. Solo voi *ingleis*, nel cuore del monastero, nel luogo che noi chiamiamo il *Karmapa Lhakhang*. Volete seguirmi?

Uscirono dalla stanza delle adunanze, passarono in un grande cortile e si fermarono in una stanza del tutto simile alla prima, solo che si trovava in un altro edificio. Alle uscite del locale c'erano quattro monaci *dop-dop*, appoggiati a grossi bastoni di legno. Portavano i capelli lunghi e il braccio destro nudo, ornato solo di una fascia color rosso scuro. Qui venne offerta loro una ciotola di tè e una di *tsampa*.

– Non spaventarti, Sandy! – spiegò Norton a Irvine. – È farina di legumi, con pezzetti di formaggio e di carne. Nel monastero niente viene sprecato.

– Ottima – confermò Irvine, divorandone un boccone con le mani.

– Ma... – domandò il professor Odell, perplesso. A parte il cerimoniere e i monaci che servivano loro il tè, non c'era nessun altro. – ...ma questo Grande Lama...?

– Questo è *tschömdsche*... – spiegò Karma Paul. – Processione di offerte.

– E quanto dura? – mormorò Mallory, spazientito.

Gli inglesi vennero condotti fino a una passerella di legno, poggiata direttamente sulla roccia e sospesa nell'abisso. Il tutto aveva un aspetto a dir poco pericolante. Il monaco cerimoniere, che portava al collo una *rugjen*, una lunga collana formata di ossicini umani, la attraversò senza battere ciglio e, una volta giunto dall'altra parte, spiegò a Karma Paul: – Il cuore del monastero è al di là. Chi non vuole passare può tornare nella camera delle riunioni, dove gli verrà offerto un cibo caldo.

– È una specie di sfida... – intuì Mallory, immaginando il vuoto che sibilava sotto la passatoia.

– No... – ridacchiò Norton, come sempre più pratico. – È che rimuovendo queste quattro assi i monaci possono difendersi dagli attacchi e isolarsi dall'esterno.

– Io vado – disse Irvine.

Tenendosi aggrappati alla parete di roccia alla loro destra, tutti gli inglesi andarono a incontrare *Dwang Batem Hdsin Norbu*, il Lama di Rongbuk.

Stava seduto sopra una specie di trono di ferro, in una grotta le cui pareti erano scolpite in tante formelle quadrate che rappresentavano varie scene delle tante vite del Buddha. Era fondamentale credenza dei monaci la reincarnazione dell'anima.

– Gommose – commentò Irvine, quando vennero servite loro delle tortine fortemente speziate.

Il Lama era un uomo di mezz'età, dal viso ovale e lo sguardo pacato. Indossava un cappello conico, con due lunghi paraorecchie di pelle. Aveva una veste arancione che scendeva fino ai piedi.

Per prima cosa consegnò a ogni inglese una *kata*, una sciarpa bianca portafortuna. La si doveva ricevere con la bocca spalancata, mostrando un pezzetto di lingua, in segno di sottomissione. Norton, in cambio, gli regalò un suo dipinto che ritraeva Lhasa, la capitale del Tibet, e un orologio, spiegando ai monaci come si facesse a leggere l'ora.

Il Lama disse qualcosa, osservando il quadrante con una punta di curiosità.

– Che dice? – domandò il dottor Somervell a Karma Paul. – Che cosa ha detto?

– Ha detto: "fa la stessa cosa del sole... ed è più piccolo da vedere"... – sussurrò Irvine, che non staccava gli occhi dai monaci. Il Lama parlò di nuovo.

– Adesso ci chiede perché vogliamo andare sul *Chomolungma* – tradusse Irvine.

– Vai con la tua risposta tipo, George... – tossì Somervell, sogghignando.

Mallory annuì. – Digli che vogliamo andare... per essere i primi uomini a farlo – spiegò. – Fagli capire che è una questione spirituale. Un'ascensione al cielo.

Il Lama seguì la traduzione con espressione corrucciata, poi, alla fine, sorrise e parlò. Alle sue parole, gli altri monaci ridacchiarono.

– Che cosa ha detto?

– Dice che non siete affatto i primi uomini a farlo – disse Karma Paul con un sorriso. Gli inglesi si guardarono tra loro. – Il primo fu Chenrezi, che adesso è una specie di divinità... Salì sulla cima della Dea Madre del Mondo e, lassù, sparì in un raggio di sole.

– Ah, certo... Chenrezi – borbottò Mallory. – Ma noi vorremmo arrivarci senza sparire... se è possibile.

Questa volta furono gli inglesi a ridacchiare.

Il Lama annuì. Fece portare nella stanza una piccola ruota d'argento, con cui toccò la fronte di tutti gli inglesi e mormorò una preghiera. Poi fece tradurre queste parole: – Il Lama sente che il vostro cuore è puro. La cosa sarà gradita a *Chomolungma*. – Nella sala calò uno strano silenzio, carico d'attesa. La luce delle lampade a burro danzava sui visi provati degli inglesi. Sul giovane Irvine, su Mallory il sognatore, sul dottor Somervell, sul colonnello Norton, sul silenzioso Hazard, sul professor Odell e su Noel il regista.

– Il Lama lo dirà alla Montagna, perché allontani i Demoni che stavano danzando sul ghiacciaio: sono stati loro a impedirvi di salire. – Mallory si voltò cercando lo sguardo di Irvine. – Dice che quando la danza dei Demoni finirà... allora avrete una possibilità di salire. E ora ci sarà una danza in vostro onore.

Il Lama, prima di congedarsi, chiese a Irvine di alzarsi e di avvicinarsi a lui. Gli parlò, porgendogli poi un sacchettino di stoffa.

– Dice... – cominciò Karma Paul.

– Capisco quello che dice – lo interruppe Irvine. Il Lama gli stava facendo un regalo personale.

"Se vincerai la tua sfida con *Chomolungma...*" aveva detto il Lama "portale questi: io li vinsi in una sfida della mia giovinezza."

Quattro malleoli di pecora scivolarono nella mano di Irvine, che colse negli occhi del Lama il lampo di uno sguardo da bambino.

Il giorno successivo, la tempesta di neve terminò.

XI

DANG KJABKHEN,

IL BATTISTRADA

(Everest, 22 maggio 1924)

Il 17 maggio 1924 Teddy Norton e George Mallory si assestarono gli zaini sulle spalle e diedero inizio, dal campo III, all'ultimo tentativo di sconfiggere la montagna.

– Andiamo... – disse il colonnello Norton. – Prima che i demoni ricomincino a danzare.

Sopra di loro, là dove Sandy Irvine aveva inaugurato il suo sistema per cuocere la carne alla brace, si ergeva una parete verticale di neve che sembrava infinita. Trecento metri più in alto si apriva il pianoro conosciuto come Colle Nord, dove bisognava preparare il campo IV. L'unico modo per raggiungere il pianoro era attraversare una serie di terrazze di neve, scoscese, arrampicando con ramponi e piccozze.

– Eccolo – disse Mallory, quando vi arrivarono. Quella parete di ghiaccio era stata nei suoi incubi per quasi due anni. Era lì che, l'ultima volta, era caduta la valanga: ricordò che proprio Norton, tagliando quella salita a zig zag, aveva staccato la neve. Si era sentito un fragore spaventoso e la massa ghiacciata si era staccata dalla montagna. Poi più niente.

Mallory chiuse gli occhi, perso nel ricordo.

– Vengo anch'io – diceva intanto Odell, nel presente.

Norton annuì. – Odell, George e io prepareremo la strada per gli altri. Non bisogna seguire linee oblique: la neve si stacca con grande facilità. Dobbiamo procedere in verticale, con corde e ramponi. Da un gradino all'altro, fino a quella sporgenza. E infine l'ultimo tratto.

– Andiamo. – Disse il professor Odell.

Salirono in tre, scavando una via per quelli che sarebbero venuti dopo. George, che apriva la strada, saliva e trovava gli appigli con quel suo modo unico di affrontare la montagna. Fecero un giro largo, evitando di proposito il percorso di due anni prima. Nei passaggi difficili, conficcarono chiodi nel ghiaccio e fecero passare le corde. Il tempo sembrò trascorrere lentissimo.

A fine mattinata, stravolto, Norton riuscì a mettere piede sulla sommità del Colle Nord, quasi a 8000 metri. Dal basso si stava alzando una nebbiolina grigia, che ostacolava la vista.

– Lasciamo tutto qui e torniamo giù più in fretta che possiamo – propose. Mallory annuì. – Ci penseranno gli altri a montare il campo IV.

Gettarono a terra gli zaini, poi si voltarono, affrettandosi a discendere al campo III.

– Abbiamo due possibilità – osservò Norton. – O scegliamo la via più lunga, quella che abbiamo appena tracciato... o quella più rapida.

– Quella di due anni fa – sibilò Mallory.

La neve. La valanga. Le urla. Il silenzio.

Dal vallone sottostante si innalzavano continuamente vapori diafani, che si formavano e sfumavano sparendo in alto con una rapidità straordinaria.

– Prendiamo quella più rapida.

L'autista del pullman suona il clacson a una macchina che ha tentato un sorpasso azzardato. Jori viene ricatapultato nel presente, con il cuore in gola. Osserva spaesato quanto gli sta intorno, il pullman, la strada asfaltata, le case che scorrono velocemente fuori dai finestrini, domandandosi che cosa è successo. Non è che gli interessi davvero: sta pensando così tanto all'Everest che ha le mani gelate. Come se, ascoltando le parole di Agasia, il freddo della montagna gli si fosse appiccicato addosso.

– Va tutto bene? – gli domanda Febe, accorgendosi del suo disagio.

Jori sorride, confuso. «Certo» pensa «va tutto bene.» Poi le risponde: – Stavo pensando a quanto deve essere costata a Mallory quella decisione.

– George sapeva che passare per la via più breve sarebbe stato un rischio. Una sfida contro la sorte. Ma la sua partita con Chomolungma *era cominciata, ormai: non si sarebbe interrotta per gli incubi, per la paura o per il freddo.*

Jori mostra le mani a Febe e ad Agasia. – Io sto gelando solo a pensarci, ragazzi – dice, e poi se le infila sotto le cosce, dondolandosi sul sedile.

– E dire che sei seduto qui, vestito di tutto punto e al caldo. Pensa che invece loro stavano scendendo senza vedere a un metro, nel vento... – Febe cerca Agasia con lo sguardo.

E il racconto ricomincia.

Mallory, ultimo della fila, sentì qualcosa dentro di sé. Era di nuovo quel richiamo, che fino ad allora era rimasto sopito. Il Colle Nord, ora, cantava. Durante la marcia d'avvicinamento, George non aveva più sentito quella specie di nenia, quella canzone gelida che l'aveva perseguitato quando si trovava a Cambridge. Ma ora si sentiva di nuovo, nitida come sempre. Dal Colle Nord George aveva dato una fuggevole occhiata alla cresta di roccia, ritta tra due strapiombi, che saliva serpeggiando fino alla piramide finale.

Fino alla vetta.

Sembrava così vicina! Meno di un'ora di marcia. Ancora meno! Ma in realtà era distantissima.

La nebbia che saliva dal basso si era ancora infittita e, ora, George non vedeva più la schiena di Odell, che camminava davanti a lui. Inspiegabilmente sentì altre presenze. Intorno a sé, nella nebbia.

Si fermò. Ebbe la sensazione che qualcuno lo stesse guardando. Da dove? Doveva subito raggiungere Odell, Norton! Ma dove erano finiti?

Fece un passo avanti, poi un secondo. Al terzo non trovò nulla. Il vuoto. Il vuoto!

– No! – gridò Mallory, perdendo l'equilibrio. Gli sembrò di udire una risata e scalciò senza incontrare il terreno solido. C'era una voragine sotto di lui! Aveva in mano la piccozza e la portò istintivamente sopra la testa, cercando un appiglio. Precipitò.

– Non adesso! – gridò ancora. – Strinse le dita intorno alla piccozza. Un secondo. Due secondi. Tre. La piccozza si incastrò nel ghiaccio e Mallory rimase appeso, con i piedi nel vuoto, in mezzo a un crepaccio senza fondo.

– Odell? – gridò Norton, nella nebbia che avvolgeva la parete verticale del Colle Nord. – Mallory è dietro di te?

– Sì! – rispose Odell. – Almeno... penso!

– Aspettiamolo! – propose Norton. Il suo viso era una maschera scavata dal ghiaccio. – Non è lontano!

Ma George Mallory non arrivava.

Sospeso nel baratro, ancorato alla sola piccozza,

George iniziò a piangere. Non poteva finire in quel modo, non adesso! Cadere in un crepaccio, come un dilettante. No, non lo poteva accettare.

– Non mi avrai, grande Dea... – disse contraendo i muscoli doloranti e provando a tirarsi su. Scalciò nel vuoto e la piccozza diede uno strattone. – Ah... Non pensare che sia così facile divorarmi! – Il crepaccio sembrava senza fondo, ma non era molto largo. I ramponi s'inchiodarono alla parete. Mallory si mise in orizzontale, con le gambe distese e le spalle curve, incastrandosi nella fenditura. – ...Manda pure tutti i tuoi demoni... – era il momento di levare la piccozza e di pregare che i ramponi mordessero il ghiaccio – ...a prendermi! – gridò e staccò la piccozza dal punto in cui era incastrata. Rimase sospeso in equilibrio per un secondo e riuscì a piantare la piccozza mezzo metro più in alto. – George Mallory sta per venire a prenderti! – esultò, tirandosi su con i ramponi. Centimetro per centimetro, cominciò a risalire le pareti del crepaccio.

Il suo viso si contrasse in un ghigno terribile, man mano che ripeteva quell'operazione per salire e il suo amore per quella montagna si trasformava, lucidamente, in odio selvaggio.

Alla fine, la piccozza si ancorò al bordo esterno del burrone e Mallory si tirò fuori, puntando le spalle e i gomiti e rotolando sulla neve fresca. Nell'ultimo sforzo, il rampone dello stivale destro si staccò e cadde nel vuoto.

– Hai provato di nuovo a uccidermi, vigliacca – ringhiò l'inglese, tossendo tra una parola e l'altra. – Ma queste sono le tue uniche armi: la paura, il terrore... il tradimento!

Mallory si alzò in piedi e mostrò il pugno in direzione della vetta.

– Io, George Leigh Mallory ti avrò, *Chomolungma*! Mi hai sentito? Non mi puoi sconfiggere! IO SONO PIÙ FORTE DI TE!

Nella nebbia, i demoni che lo stavano osservando si allontanarono spaventati.

– Hai sentito? – domandò Norton a Odell.

– Era il vento?

– No – Norton sorrise. – Era George.

Attesero qualche minuto, poi lo videro avanzare, nel grigio, come un'ombra barcollante.

– Che fine ha fatto il tuo cappello, George? – gli domandò il professor Odell, vedendo che aveva tutti i capelli dritti. Mallory non gli rispose.

– Abbiamo tutti bisogno di buttar giù qualcosa di caldo... – disse allora Norton – prima che ci si congeli la gola.

XII

KHANGMI, L'UOMO DELLE NEVI

(Everest, 23 maggio 1924)

Nei giorni seguenti Somervell, Irvine e Hazard salirono con dodici portatori lungo il percorso disegnato da Mallory e montarono le tende del campo IV, sul Colle Nord. Irvine fu incrollabile, come una torre.

Solo Hazard rimase al campo IV con i portatori. Attese il cambio per tutto il giorno seguente, ma si alzò una violenta tempesta di neve e nessuno poté salire da lui.

Durante la notte la temperatura precipitò a -31 gradi e il mattino dopo non prometteva alcun miglioramento.

– Sembra che la montagna si sia di nuovo infuriata – commentò Norton nella sua tenda più in basso, alla luce delle candele.

– Non sarà arrivato il monsone? – domandò invece Irvine. Mallory lo guardò con occhi spiritati.

– Non dirlo neppure per scherzo – mormorò.

Al campo IV, intanto, Hazard pensava di essere stato abbandonato. Attese tutto il giorno, ma nessuno salì a soccorrerlo.

La mattina Geoffrey Bruce e Odell avevano tentato di salire, ma avevano dovuto desistere. C'era una nuova tempesta di neve.

Il pomeriggio del giorno dopo Hazard decise di provare a scendere. Comparve al campo III con otto portatori. Quattro non avevano avuto il coraggio di seguirlo. Tremavano e sembravano più morti che vivi.

– Che cosa è successo al campo IV? Dove sono gli altri portatori?

Hazard aveva le dita delle mani quasi completamente congelate. – Sono… pensavo non veniste più su… e… quattro portatori sono rimasti su… loro non volevano più muoversi.

– Quattro uomini – sussurrò Norton, come se li stesse già considerando morti.

– Dobbiamo andare a prenderli – disse Mallory.

– È una pazzia!

– Non possiamo lasciarli sul Colle Nord. Moriranno di freddo! – Mallory si alzò. – Non voglio dei morti anche questa volta!

– E cosa pensi di fare se li trovi già congelati? – domandò il professor Odell, preoccupato.

Mallory guardò il povero Hazard, scosso da brividi di freddo. – Li porto giù. Fino al campo base, se necessario.

– Vengo anch'io – disse Somervell, nonostante avesse una brutta tosse.

Nella tenda calò un silenzio pesantissimo.

– Non vi lascerò andare da soli – aggiunse il colonnello Norton. – Vengo anch'io.

Norton, Mallory e Somervell raggiunsero il campo IV alle cinque e trenta del giorno successivo. Vennero accolti da tutti e quattro i portatori: erano ancora vivi, ma erano quasi impazziti per la paura.

– Torniamo giù, ragazzi. Torniamo giù – li rassicurò Somervell. – Non vi abbiamo abbandonati!

– I cani... – mormoravano spiritati – i cani della montagna hanno abbaiato tutta la notte.

– Certo ragazzi... i cani... – disse Norton cercando di tranquillizzarli. – Va tutto bene. Ci siamo noi. Domani vi riportiamo giù.

– Grazie *sahib*, grazie, *ingleis*... – mormorarono gli *sherpa*, tra le lacrime. – Grazie...

Quella notte, George Mallory non chiuse occhio. Uscì dalla tenda e guardò la sommità buia dell'Everest, che ancora una volta sembrava sfuggirgli. Ora che avevano preparato il campo IV, si erano alzate nuove tempeste. Irvine aveva ragione: sembrava proprio che stesse arrivando il monsone, con il suo carico di neve e pioggia.

– Chiami in aiuto il grande vento del mare? – domandò, sarcastico, all'ombra vibrante del ghiacciaio. Una luna rotonda, gigantesca e vicina, saliva lentamente nel cielo nero. – Dammi solo una possibilità, *Chomolungma*. E vedrai che verrò da te.

Il giorno dopo si ritrovarono tutti più in basso e organizzarono una riunione, l'ultima, per decidere il da farsi. Gli inglesi si sedettero in circolo vicino alle tende degli *sherpa*.

– Dobbiamo lasciar perdere – disse Hazard, che non riusciva a togliersi dalla testa la sensazione che aveva provato da solo, abbandonato, in cima ai ghiacci del campo IV. – Sta arrivando il monsone. È una pazzia continuare.

– Io sono per tentare. Una sola volta – propose invece il professor Odell. – Ormai abbiamo attrezzato il campo IV. Ci mancano solo due campi: il V e il VI.

– Somervell?

– C'è il problema dei portatori – osservò il dottore. – Dopo quello che è successo con Hazard... immagino che non siano più disposti a rischiare la vita per noi. E noi non abbiamo il diritto di chiederglielo.

– Le bombole d'ossigeno sono già al campo III – puntualizzò Irvine. – Sto costruendo una scala di corda per portarle al Colle Nord senza rischiare la vita. Non farò proprio trecento metri di scala... ma penso di riuscirci.

– Io proverei a salire senza ossigeno – lo interruppe Norton. – Io e Somervell facciamo il primo tentativo. Mallory e Irvine fanno il secondo. Non abbiamo modo di trasportare le bombole senza gli *sherpa*. E se le portiamo noi, non ci basteranno le forze per tentare l'ultimo tratto. Se il monsone è davvero arrivato... non abbiamo più di cinque, sei giorni di tempo per provare la via della vetta. Tu, Mallory, che ne pensi?

– Non penso che l'Everest ci aiuterà. Senza ossigeno, non possiamo farcela. È un dato di fatto.

– È una tua opinione – sbottò Somervell. – Io ho provato le bombole Mark V di Irvine: funzionano, ma secondo me non servono a niente.

– Senza bombole è impossibile – ripeté Mallory, lapidario. – Conosco questa montagna.

– Allora è deciso? – domandò Norton. – Lasciamo perdere?

Uno *sherpa* allora si avvicinò al gruppo degli inglesi e, quando Norton ripeté la sua domanda, disse: – Scusate... – Tutti si voltarono a guardarlo. Mallory lo riconobbe: lo aveva tenuto stretto per mano, qualche settimana prima.

– Che c'è? Qualche altro ferito? – gli domandò Norton.

– Io... io ho sentito parlare del campo V. Io... – lo *sherpa* si voltò a guardare gli altri suoi amici, in piedi dietro di lui. – Noi... vogliamo salire. Continuare. Se voi… *ingleis*, volete il campo V… noi… noi portiamo l'"aria inglese" per voi.

Mallory scattò in piedi, avvicinandosi allo *sherpa*. – Quanti siete?

– Sedici, *sahib*. Noi non abbiamo paura.

Mallory guardò i compagni uno per uno, lentamente.

– Coraggio, cavalieri! – disse alla fine. – Questi non sono semplici *sherpa*, sono le nostre tigri.

Nei giorni successivi, con l'aiuto delle sedici "tigri", George e Geoffrey Bruce riuscirono a preparare il campo V. Il vento non smise mai di soffiare, ma non nevicava più. Dopo aver allestito il penultimo campo, George tornò indietro per riposarsi. Più a valle, all'altezza del Colle Nord, il capitano Noel si creò una specie di osservatorio, una postazione difesa dal vento da cui poteva dominare la cima della montagna e fissare il treppiedi della sua cinepresa Newton-Sinclair. Hazard inventò un sistema di comunicazione tra i vari campi. Era sufficiente disporre, bene in vista sulla neve, i sacchi a pelo: due sacchi a pelo paralleli significava "abbiamo bisogno d'aiuto". Un solo sacco a pelo: "va tutto bene" e così via.

Il colonnello Norton e il dottor Somervell salirono al campo V in compagnia dello *sherpa* amico di

Mallory. Dormirono lì e, il giorno successivo, si alzarono alle sei e mezzo. In tre, salirono a quota 8169 metri, dove montarono una sola tenda: quella del campo VI.

– Tu torna pure – ordinarono allo *sherpa*. – Noi ci fermiamo qui.

Norton e Somervell rimasero lassù, appollaiati in cima al mondo. Somervell aveva ancora quella brutta tosse, ma riuscì a calmarla con un po' di tè caldo.

– Domani proviamo a salire sulla vetta, dottore – mormorò Norton. – Senza ossigeno.

– E se non ce la facciamo ?

– Toccherà a George e al ragazzo... con le loro bombole.

Strinsero le tazze di tè tra le dita cercando di scaldarsi le mani.

– Perché George preferisce salire con Irvine invece che con Odell, che è molto più esperto? – domandò Somervell, a un certo punto.

– C'è una specie di legame, tra loro – rispose Norton. – Sono fatti per scalare assieme: con quel ragazzo, George ha ritrovato la fiducia in se stesso: è tornato a essere il veterano, il mito, il maestro.

XIII

TSESCHAR, L'ALBA

(Everest, 2 giugno 1924)

– È vero... – sussurra Jori, rivolto a Febe. – Tu avevi detto che Mallory non voleva partecipare al terzo tentativo. Che cercava un uomo. Un uomo che potesse convincerlo ad arrivare lassù.

– Ti ricordi che cosa gli domandai?

– Se pensava che quell'uomo esistesse.

– Se c'è, dovrebbe essere una specie di mago, mi aveva risposto – aggiunge Febe. – Aveva bisogno di una specie di magia, per tornare a salire.

Jori si sfrega le mani e poi le spalanca davanti a sé: – E puff! Sei spuntata tu.

– Non io: Andrew. Era lui la magia di cui George aveva bisogno. Lo capì dalla prima volta che lo vide all'Alpine Club. Semplicemente guardandolo, George intuì che quel ragazzo era la magia che serviva alla spedizione. Un misto di entusiasmo, forza fisica, intelligenza, modestia. George ci avrebbe aggiunto l'istinto e la tecnica. E insieme sarebbero diventati una coppia di alpinisti formidabili.

C'è un momento di silenzio, nel quale Jori raduna i pensieri. Ha la sensazione che, a mano a mano che il racconto prosegue, nella voce di Febe e di Agasia si manifesti una strana tristezza. Così domanda: – Ma non è che poi Norton e Somervell sono arrivati in cima per primi?

– Aspetta, aspetta... Norton e Somervell ci provarono per primi, così come era stabilito. Il piano di attacco dove-

va essere seguito nei minimi particolari, se volevano avere una possibilità di arrivare in cima. Le "tigri" avevano preparato il campo di battaglia. Il vento di Chomolungma *aveva spazzato le tende con tutta la cattiveria di un animale ferito. Ma non servì a nulla.*

Agasia si avvicina a Jori e racconta: – Perché dopo una notte insonne...

Norton e Somervell partirono all'alba. Si lasciarono alle spalle il campo VI e si inerpicarono lungo la spalla orientale dell'Everest. In un'ora raggiunsero un grande basamento di roccia e cominciarono ad aggirarlo. Molto lentamente. Era una giornata limpidissima, ma i due sembravano stravolti: Somervell continuava a tossire; Norton camminava a piccoli passi e non indossava gli occhiali da neve.

Invece di puntare alla cresta spazzata dai venti, cercarono di attaccare la montagna entrando in un canalone che sembrava condurre alla base della grande piramide di roccia che nascondeva la vetta. Ma proseguivano lenti, troppo lenti.

Nel primo pomeriggio, Norton si fermò. La vetta dell'Everest li sovrastava, magnetica e minacciosa. – Se andiamo avanti così – disse – non riusciremo a tornare prima di notte. – Si accorse che anche il solo movimento di girarsi gli riusciva difficilissimo.

– Vai avanti da solo – propose Somervell, tossendo. – Sto troppo male: ti rallenterei.

Norton annuì e cominciò ad arrampicare da solo. Dopo quasi un'ora si fermò perché vedeva tutto doppio: due pietre, due piccozze, due cime della montagna. Forse era la mancanza d'ossigeno... forse si era procurato una lesione agli occhi per non aver messo gli occhiali. La vetta dell'Everest era lassù, neppure troppo distante. Ma Norton scosse il capo: era una persona razionale. Se fosse andato avanti, pensò, sarebbe morto: la cima era una trappola.

Così si voltò e tornò indietro, da Somervell.

– Andiamo a casa, dottore – gli disse. – Al diavolo la montagna: qui stiamo morendo!

Si legarono con la corda e cominciarono a scendere, procedendo ancor più lentamente che all'andata. Somervell seguiva le tracce di Norton, tenendo il capo abbassato. Nessuno dei due si accorse che la corda che li legava, a un certo punto, si era sciolta. Norton doveva strizzare gli occhi per vedere nella semioscurità del pomeriggio inoltrato. I colpi di tosse di Somervell erano come un lontano abbaiare di cani. Il dottore sentiva il corpo sempre più freddo. Sempre più freddo.

Norton svoltò attorno a una guglia di ghiaccio.

E Somervell si fermò, cercando di urlare: qualcosa gli era salito in gola. Qualcosa che gli impediva di respirare, come un grande tappo. Cadde a terra. La sua piccozza scivolò via.

– Norton! – sussurrò.

Provò a strattonare la corda, ma si accorse che all'altro capo non c'era nessuno.

Somervell si sforzava di respirare, ma non ci riusciva: c'era qualcosa che gli bloccava la gola, che non andava né su né giù. Rotolò nella neve, si premette disperatamente le mani sul torace, spinse con tutte le sue forze e tossì. L'ultima spinta. La spinta più forte che poteva dare. E quel qualcosa si liberò. Lo sputò fuori, sulla neve, in un fiotto di sangue. Somervell era un medico. Sapeva che cosa era successo: gli si era congelata l'intera mucosa della laringe.

Mallory e Irvine aspettavano. Vennero le sei, le sette. Le otto di sera. Nessuna notizia di Norton e Somervell.

– Forse ce l'hanno fatta – ipotizzò Irvine.

– Forse – sussurrò Mallory, tranquillo: era sicuro che *Chomolungma* avrebbe aspettato lui. – Ma penso di no. Prepariamoci, Sandy. Domani tocca a noi.

Quando Norton si accorse che Somervell non arrivava, decise di tornare sui suoi passi. Con grande fatica si voltò e ricominciò a salire. Trovò Somervell poco distante, che barcollava.

– Ce la fai, dottore? – Somervell annuì.

Camminarono e, sorreggendosi a vicenda, scesero fino al Colle Nord.

Fu Hazard a vederli per primo. Corse loro incontro, li abbracciò.

– Norton! Somervell! Ormai pensavamo il peggio.

– Non si può salire, lassù – disse Norton. – È impossibile. Datemi da bere! Datemi qualcosa di caldo da bere!

Norton era completamente coperto di neve e i suoi occhi sembravano quelli di un cieco.

Somervell non riusciva a parlare. Li portarono dentro le tende, cercando di scaldarli con un tè bollente.

Il dottore si avvicinò a Hazard e gli mormorò all'orecchio qualcosa, con enorme fatica. Gli diede in mano la sua macchina fotografica.

– Dalla… dalla… a Mallory. Che… che ci porti una… fotografia… di lassù.

Hazard fissò il dottore negli occhi.

– Gliela darò – disse. – Stai tranquillo, dottore.

– E fu grazie a Hazard se, il giorno successivo, George partì verso il campo VI con una macchina fotografica – dice Febe, interrompendo il racconto di Agasia. – La sua l'aveva dimenticata al campo base!

– Non è possibile! – esclama Jori.

– E dimenticò un mucchio di cose importanti. Sembrava non riuscisse a pensare a nient'altro che ad arrivare lassù – dice Agasia. – Era convinto che ci fosse una sola possibilità. Una sola. E che solo con l'"aria inglese" avrebbero potuto coglierla. Così si prepararono. Irvine indossò le bombole per l'ossigeno. Si equipaggiarono con giacche a vento, calze pesanti, guanti e occhiali da sole. George si mise la sciarpa di lana e il suo berretto militare con i paraorecchi tirati all'insù...

– Che era il suo berretto portafortuna... – aggiunge Febe.

– Mentre Irvine intagliò le solite tre tacche sulla sua piccozza.

– Volevano arrivare fino in cima? – domanda Jori.

Agasia scuote la testa.

– Volevano salire fino alla tenda di campo VI, dormire lassù e, la mattina dell'8 giugno... provare a salire sulla vetta dell'Everest.

XIV

LHA GJE LO,

GLI DEI DEVONO VINCERE

(Everest, 8 giugno 1924)

Lo *sherpa* abbandonò il campo IV verso sera, quando era sicuro che nessuno facesse più caso a lui. Salì lungo la cresta che conduceva fino alla terrazza del campo V, dove si trovava il professor Odell. Ma non si fermò. Mentre tutti gli altri dormivano, lo *sherpa* camminò carponi, incurante del freddo e del gelo: raccoglieva energia da dentro di sé e, con quella, riusciva a resistere al congelamento. Aveva sottratto una bombola d'ossigeno dalla riserva di Irvine e saliva aiutandosi con un respiratore. Quando l'aria finì, lo *sherpa* gettò via tutto.

Salì, salì, salì… fin quasi alle sei del mattino.

E arrivò a vedere la tenda del campo VI, là dove stavano dormendo Mallory e Irvine.

Irvine aveva trascorso quasi tutta la notte a smontare ancora una volta le bombole Mark V, per controllare che funzionassero a dovere. Non aveva chiuso occhio fino alle prime ore del mattino, euforico e allo stesso tempo terrorizzato dall'idea che, nel giro di poche ore, avrebbero dato la scalata alla vetta dell'Everest.

Sentendo un fruscio fuori dalla tenda, Irvine si svegliò. Aveva la sensazione che ci fosse qualcuno davanti all'ingresso della tenda.

Poi ci fu una voce: – *Sahib*, Sandy… fammi entrare!

A quel richiamo anche Mallory si svegliò. Lui aveva trascorso gran parte della notte a scrivere lettere.

– Chi è? Chi può essere?

Irvine scivolò fino all'imboccatura della tenda, aprì un poco la cerniera lampo e si trovò faccia a faccia con una delle sedici "tigri"*sherpa*.

– Tu? – quasi gridò Mallory. – Cosa ci fai, qui?

Lo *sherpa* entrò nella tenda, sfilandosi la sciarpa di lana dal viso. Aveva la pelle cotta dal sole, e i suoi occhi azzurri scintillavano di luce.

– Vorrei provare a convincervi a tornare giù – rispose lo *sherpa*, in un inglese perfetto.

– Tornare giù? E perché?

– Non sono un vero *sherpa*... – rispose l'uomo. – Ma non abbiamo il tempo per parlarne, adesso. Non fatemi troppe domande, per piacere. Scendete. È una pazzia: tornate giù.

Mallory si frappose tra lo *sherpa* e Irvine. – Scendere? Adesso? Ora che la vetta è così vicina? No... non è possibile.

– Il monsone arriverà oggi – disse lo *sherpa*, lugubre. – E non conoscete la strada. Nessuno la conosce. Potreste rimanere bloccati lassù. Potreste impiegare ore per raggiungere la cima... e non avere il tempo di tornare giù. Ci avete pensato, a questo?

Irvine guardò Mallory, che annuì. – Ci ho pensato. È una possibilità. Ma è un rischio che voglio correre:

non tornerò mai più quassù. Non avrò un'altra possibilità di ritentare. Io andrò comunque.

– Non è un gioco, Sandy – disse lo strano *sherpa*, ma si accorse che gli occhi del ragazzo erano puntati su Mallory.

– Se va lui – rispose Irvine – vado anch'io.

Lo *sherpa* annuì, tristemente. – Allora verrò con voi. Non posso abbandonarvi adesso.

– Chi sei tu e perché vuoi a tutti i costi entrare nella storia insieme a noi?

– Mi chiamo Agasia – rispose lui. – Ma non entrerò nella storia insieme a voi.

– Lo sapevo! – esulta Jori. – L'avevo capito che eri tu! Ma... ma cosa ci facevi travestito da sherpa*?*

Agasia fece spallucce. – L'Alpine Club non mi avrebbe mai incluso nella lista ufficiale della spedizione... e così ho dovuto arrangiarmi come ho potuto.

– È per questo che tu... – Jori guarda Febe – ...vedevi le cose che succedevano laggiù? Voi due... potete parlarvi con il pensiero?

– Ah, ah... – dice Febe sorridendo.

– Ma non è possibile! Non è per niente possibile...

– La sai una cosa buffa, Jori? Al giorno d'oggi nessuno si stupisce che dei pezzi di ferro chiamati satelliti ci per-

mettano di comunicare con qualsiasi parte del mondo... o che con Internet si possa chattare con l'Australia in tempo reale, ma non vogliamo credere che due persone possano scambiarsi pensieri semplicemente concentrandosi. Eppure sappiamo che gli uomini sono superiori... ai computer... o ai satelliti.

– Non ci avevo mai pensato... – mormora Jori. – Ma non importa! Che cosa accadde, il giorno dopo?

Agasia guardò fuori dal finestrino: avevano appena passato Mildenhall. – Successero tante cose... – dice.

Alle 8 di mattina dell'8 giugno, il capitano Noel si appostò nel suo nido d'aquila, montò il grande obbiettivo sulla Newton-Sinclair e si preparò a filmare la cresta nevosa dell'Everest.

In tasca aveva una lettera di Mallory:

> Caro Noel,
> cercheremo di partire presto in modo da avere bel tempo. Dovreste vederci attraversare la cresta sotto la piramide o salire in cima a partire dalle 8.
>
> Sempre tuo, George Mallory

– Forza, ragazzi – mormorò il capitano Noel, sfregandosi le mani. Mise a fuoco la vetta dell'Everest.

– Dateci dentro!

Alla stessa ora, Mallory, Irvine e io uscimmo dalla tenda del campo VI. All'orizzonte si stavano addensando nubi tempestose: era il monsone.

– Abbiamo solo due respiratori – disse Irvine.

– Usateli voi – risposi. – Io proseguirò senza, fin quando riuscirò.

Mallory annuì. – Ok. – Si passò le mani sulla tuta. – Abbiamo tutto, non ho dimenticato niente. – Guardò la cresta che puntava dritta fino alla grande piramide, alla sommità della Terra, poi si avvicinò a me. – Se dovesse succedere il peggio, amico... e tu tornassi giù... non raccontare che ho costretto Sandy a venire con me. Non sarebbe giusto, non credi?

– No – risposi. – È una sua scelta: anche se lo fa per te.

– E... soprattutto... – aggiunse George, con un sorriso – non dire a mia moglie che le ho preferito una montagna. – George si calcò sul naso gli occhiali da neve. – Buona fortuna, *sherpa*! Avremo molte cose di cui parlare, quando torneremo giù. Ma ora... *Chomolungma* ci aspetta!

Mallory si avviò per primo, euforico. – Sei mia,

Dea Madre del Mondo. Sei mia – mormorò. Poi si infilò in bocca il respiratore e non poté più parlare.

Ma continuava a pensare: «Sei mia».

Arrampicavamo velocemente: Mallory per primo, Irvine per secondo, io per ultimo. Ognuno era immerso nei propri pensieri, avvolti dalla nebbia, che saliva come un oceano di fumo dalle vallate circostanti. George aveva un solo obiettivo: arrivare in cima, a qualsiasi costo. Dietro di lui, Sandy era spaventato, ma sapeva che la cima era vicina e che era alla loro portata. E si domandava che cosa avrebbe fatto, una volta lassù. Che cosa avrebbe provato? Perché tanta fatica per scalare l'Everest?

"Perché c'è"... aveva risposto George, più di un anno prima, nella sala delle conferenze di Harvard. L'Università: il caldo, gli amici, la vita di tutti i giorni.

Quella mattina Sandy si sentiva carico di energia, come se qualcuno lo avesse rimesso a nuovo. Si sforzava di inspirare ed espirare seguendo il ritmo segreto che George gli aveva fatto imparare. Durante una breve sosta, quando si voltò, si accorse che io non c'ero più.

George era davanti a lui... e continuava a salire, senza accorgersi di nulla. Irvine non poteva togliersi i respiratori per chiamarlo. E non poteva perderlo di vista.

Doveva proseguire.

«Spero che vada tutto bene, per te, amico *sherpa*» pensò con la testa china, come se pregasse.

Poi ricominciò a camminare, deciso, verso la vetta.

– Non sei andato con loro? – domanda Jori, stupito. – E perché?

Agasia si stringe nelle spalle. – Loro erano meglio equipaggiati, avevano le bombole... e non si sarebbero fermati per niente al mondo. Io avevo fatto tutto ciò che era in mio potere. Ero andato al monastero in cerca di una benedizione. Li avevo aiutati a costruire i campi. Avevo cercato di dissuaderli quando mi ero accorto dell'arrivo del monsone... ma, quel giorno, non potevo fare altro che tornare indietro.

– Perché?

– Perché... se fossero arrivati in cima, dovevano arrivarci da soli. Non con l'aiuto di uno come me. Di un Dormiente.

– Non capisco perché non li hai aiutati ancora! Non sei una specie di angelo custode?

– Magari, Jori – risponde Agasia, con un'espressione insolitamente cupa. – Magari potessi fare tutto ciò che voglio...

– Anche per noi ci sono cose che sono impossibili... – sussurra Febe.

– E così?

Febe risponde: – Agasia tornò indietro... e aspettò. Come feci io, a Cambridge, con Ruth.

Il professor Odell trascorse una buona nottata nelle tende del campo V. Durante le ultime settimane, si era perfettamente abituato all'altitudine e si sentiva fisicamente in piena forma. Che peccato, non essere con Mallory, pronto ad attaccare la cima! Uscì dalla tenda alle sei di mattina, rileggendo il messaggio che George gli aveva lasciato:

> Caro Odell,
> scusa per come abbiamo lasciato in disordine... Il fornello è rotolato giù dal pendio. Fa' in modo di rientrare al IV domani mattina, in tempo per smontare prima di sera, come spero di fare anch'io. Nella tenda devo aver lasciato la bussola: per l'amor di Dio, cerca di salvarla, perché noi siamo senza. Tempo perfetto per mettersi all'opera!
>
> Sempre tuo, George Mallory

Alle otto, Odell si mise in marcia, da solo, diretto al campo VI. Purtroppo, non era una buona giornata.

– Maledizione! – brontolò, quando si accorse che si stavano formando fitti banchi di nebbia.

Scalò con passo sicuro fino alle tredici, quando superò un affioramento roccioso alto una trentina di metri, sul quale si concesse qualche minuto di riposo. Mentre si arrampicava, era circondato da una nebbia impenetrabile che gli impediva di vedere la sommità dell'Everest.

– Ma dove siete finiti, ragazzi? – domandò.

E, in quel momento, la nebbia si diradò improvvisamente, com'era già capitato altre volte. Fu un cambiamento così rapido che Odell dovette fermarsi, perché rischiò di perdere l'equilibrio. L'intera cresta principale si manifestò nella sua sconfinata vastità. Gli occhi di Odell andarono subito verso la cima e si fissarono su un minuscolo puntino nero che si stagliava su una piccola cresta nevosa, sotto quella principale: era un puntino nero che si muoveva.

– George... – mormorò Odell, incredulo. Apparve un altro puntino che si mosse velocemente fino a raggiungere il primo. Il primo si avvicinò a un grande gradino roccioso e lo superò in breve tempo: il secondo lo seguì.

– Sandy. Stanno... stanno andando su – Odell era immobile, paralizzato dall'emozione.

Le nubi si richiusero sulla montagna e la visione sparì.

Odell controllò l'ora. – Ma sono in ritardo sulla tabella di marcia! Sono in ritardo di almeno quattro ore!

Si mosse il più velocemente possibile, cercando di raggiungere il campo VI, da cui Mallory e Irvine erano partiti.

Vi arrivò alle prime ore del pomeriggio, alle due. Ma aveva cominciato a nevicare.

Il professor Odell trovò pezzi dei respiratori e delle bombole e, gettati alla rinfusa, i razzi di segnalazione di Mallory.

– Ma non è possibile... – mormorò. – Li ha dimenticati!

Fuori, intanto, cominciò a infuriare una tempesta di neve. Odell uscì dalla tenda, chiamò e fischiò in ogni direzione. Non gli rispose nessuno. Tranne il vento. Si chiuse nella tenda e attese quasi fino a notte.

Li chiamò fino all'ultimo momento.

Poi tornò indietro, scivolando, incespicando, cadendo.

Mallory e Irvine erano spariti nella nebbia.

Il giorno successivo la nebbia si alzò, ma dei due si era persa ogni traccia. Niente. Nessun segno del passaggio di Mallory e Irvine. Tutto, al campo VI, era immobile.

– Sono rimasti lassù. – Il professor Odell crollò in ginocchio sulla neve e guardò la grande piramide che torreggiava sopra di lui. – Dimmi dove sono, Dea Madre del Mondo! Non posso credere che siano spariti così!

La vetta pareva guardarlo con indifferenza... lui, niente altro che un piccolo uomo! – Quale segreto nascondi? – gridò Odell, alzando i pugni verso il cielo. – Ridammi i miei ragazzi!

Chomolungma, allora, cambiò espressione. I suoi tratti ossessionanti divennero improvvisamente affascinanti. Il professore si accorse che la montagna provava a incantarlo.

– No! – gridò Odell, allora. – Non mi tenti, Dea Malvagia! Non sei più l'inviolabile divinità del mondo! Due uomini, due piccoli uomini... ti hanno scalato. Sono arrivati, in cima? Rispondi! SONO ARRIVATI, IN CIMA?

– Due sacchi a pelo disposti a T – mormorò il capitano Noel, abbarbicato nel nido d'aquila. – Oh no! – gemette. Prese il codice inventato da Hazard e lesse: "Due sacchi a pelo disposti a T: Nessuna probabilità di trovarli. Sono perduti".

Il capitano Noel cominciò a piangere, scuotendo la testa.

Nessuna possibilità di trovarli. Sono perduti. Spariti per sempre nella nebbia.

Nella camera numero 2 del College Inn, Ruth Mallory cominciò a piangere. Ma non era un pianto disperato. Era un pianto lento, tranquillo. Come si fosse da lungo tempo preparata a una notizia simile.

– Sai una cosa, Febe? – mi disse, quando si calmò – George e io non siamo praticamente mai stati un marito e una moglie normali, come tutti. Ma ci scrivevamo. Ci scrivevamo moltissimo. Quando era in guerra, quando andava sulle Alpi. Quando andò in missione sull'Everest, nel '21 e nel '22. Mi ha scritto lettere bellissime. George aveva una grande sensibilità, che usava per toccare tutte le corde del cuore. Sono quelle… che mi mancheranno di più. Le sue lunghe lettere d'amore che mi facevano sognare una realtà migliore, un futuro migliore. Una speranza migliore.

– Sai bene che…

– Non dirmelo. Non voglio sapere se George è arrivato in cima o no. Non mi interessa. Ho perso le sue lettere. Ho perso tutto.

XV

SERDONG, L'ALBERO D'ORO

(Cambridge, ottobre 2000)

Il pullman è arrivato a Cambridge e i tre scendono in strada. Jori non sa più come trattenere le lacrime. Se solo prova a riguardare la fotografia del concorso, adesso che ne conosce la storia, comincia a piangere.

– Ma... ma... sono morti davvero? – chiede a Febe.

Febe annuisce, lentamente. – Il corpo di Mallory è stato trovato in un ghiacciaio l'anno scorso con tutto il suo equipaggiamento. Era sepolto nel ghiaccio, in un canalone non troppo distante dalla vetta. Irvine, invece, è sparito per sempre.

– Ma... ma... quel giorno... Sono riusciti ad arrivare in vetta?

Agasia, con un profondo sospiro, comincia a raccontare.

George Mallory e Sandy Irvine raggiunsero la cima del monte Everest alle sei di sera dell'8 giugno 1924. Dopo dieci ore di arrampicata.

Salirono nella nebbia, da soli. Il capitano Noel, dal suo nido d'aquila, non poteva filmarli. E loro non avevano con sé i razzi di segnalazione per farsi notare.

Ma non stavano salendo per essere filmati: salivano per dimostrare alla grande montagna che due piccoli uomini, male equipaggiati e coraggiosi, avevano un'anima molto più grande della sua. Più il tempo passava, più si accorgevano che non sarebbero riusciti a tornare al campo prima di notte.

Ma non avevano paura.

Quando i due amici scavalcarono l'ultimo gradino della grande piramide, *Chomolungma* smise di ostacolarli. La Dea Madre del Mondo mise da parte i venti, la neve, il freddo, la tempesta. I due piccoli uomini resistevano: stavano salendo, avrebbero posato il piede sulla sua sommità.

Era giunto, per lei, il momento di arrendersi.

I due inglesi scavalcarono la nebbia e, al di sopra, trovarono un cielo limpido e chiaro; alla loro destra, sopra la linea delle nubi, stava tramontando un sole gigantesco.

Quando arrivò sulla vetta, Mallory si levò, per primo, il respiratore.

In cima al mondo, dopotutto, c'era ancora aria.

Mallory e Irvine si sedettero, senza parlare. Il sole sprofondava in un oceano di nubi, da cui emergevano, come sentinelle, i picchi delle sorelle di *Chomolungma*. Irvine prese dalla tasca il sacchetto del Lama e posò per terra i quattro ossicini che conteneva.

– Da parte del Lama Dwang, Dea Madre del Mondo – disse. – In ricordo della sua giovinezza.

– Dhaulagin – mormorò invece Mallory, indicando uno dei picchi che foravano le nubi. Irvine guardò in quella direzione: sulle pareti di neve della montagna sembrò fermarsi, per un istante, un raggio di sole.

– Annapurna – continuò Mallory, indicandone un secondo. E, nuovamente, il sole brillò sulla vetta di quella montagna. Mallory si fermò: – Hai visto anche tu?

Irvine annuì, lentamente. – E tu senti questa specie di canto?

Mallory si sentì afferrare da un'emozione purissima: era la prima volta che qualcun altro sentiva, come lui, il canto delle montagne. – L'ho sempre sentito, Sandy... Sono loro a cantare: il Kauchenjunga. Il Nanda Devi. Il Gosaintham. Il Gurla Mandhata.

– Ci stanno salutando – mormorò Irvine, rapito dal magico gioco della luce, della neve e del vento.

– No, amico mio... – Mallory sorrise, levandosi gli occhiali da neve – ...ci rendono omaggio.

Il sole continuò lentamente a scendere e, prima che sparisse, Irvine domandò: – Che facciamo, George?

Mallory si frugò nelle tasche. Aveva un pacchetto di cerini Swan Vestas, con disegnato sopra un cigno bianco su sfondo verde, una confezione di carne in scatola, un paio di forbici, un altimetro, un coltello, il pacchetto delle sue lettere e… – Eccola! – esclamò. Tirò fuori dalla tasca la macchina fotografica Kodak Vest-Pocket, sorridendo. – Di solito ci si fa una foto, no?

– Non sembra la tua macchina fotografica…

Mallory scosse il capo. – È di Somervell, infatti. La mia l'ho dimenticata al campo base.

– Sei incredibile, George! – esclamò Irvine. – Solo tu puoi dimenticare la macchina fotografica andando in cima all'Everest. – Sandy gliela strappò di mano, aprì il soffietto e cercò di inquadrare l'immagine nel prisma riflettente posto sopra l'obbiettivo… ma dovette rinunciare, George era scoppiato a ridere e, come sempre, la sua risata era contagiosa.

Così cominciarono a ridere tutti e due, seduti in cima al mondo.

Come solo gli dei possono permettersi di fare.

Jori cerca di immaginarsi come deve essere, ridere sulla sommità dell'Everest, poi domanda: – E che cosa successe agli altri membri della spedizione?

Camminano in Chesterton Lane, diretti al Magdalene College.

– Poiché nessuno di loro seppe mai come erano andate davvero le cose – gli risponde Agasia – tornarono a Darjeeling, dove diedero la brutta notizia al generale

Bruce. Prima di partire, il dottor Somervell fece costruire in ricordo di Mallory e Irvine una piramide di pietre, come quelle che i tibetani chiamano bumkhang*: vi incise sopra i loro nomi e montò, sulla cima, una pietra di quarzo. Hazard, invece, continuò a cercarli per più di un anno, esplorando tutte le altre vallate dell'Everest: non voleva credere che fossero morti.*

– Quando la Spedizione 1924 tornò in Inghilterra, Norton si occupò personalmente di far consegnare alla sorella di Irvine tutti i tappeti che suo fratello aveva comprato per lei. E parlò a lungo con Ruth per consolarla. Geoffrey Bruce si scagliò contro la ditta che aveva inviato a Darjeeling le bombole d'ossigeno avariate, ma la Siebe Gorman imputò i difetti alle modifiche fatte da Irvine e ai suoi Mark V.

– Il professor Odell raccontò e descrisse mille volte la visione che aveva avuto, attraverso la nebbia, dei due scalatori in arrampicata. E il capitano Noel mostrò al mondo intero le sue splendide riprese.

– Ai funerali di Mallory e di Irvine, Sir Geoffrey Winthrop Young si arrabbiò moltissimo con quelli che sostenevano che i due non erano riusciti a raggiungere la cima dell'Everest. Scrisse che se Mallory e Irvine non erano tornati, era perché avevano deciso di rimanere lassù e che, ormai, l'Everest era stato conquistato. Per il semplice fatto che Mallory

era Mallory. E aggiunse: finché ci saranno cuori che battono più forte udendo storie di eroismo, quei cuori rimarranno legati per sempre ad Andrew Irvine e a George Mallory, Sandy e Sir Galahad, per gli amici...

– Eccoci arrivati – osserva Agasia, fermandosi davanti alla cancellata di ingresso del Magdalene College.

– Oh, no! – esclama Jori. – Mi dovete raccontare ancora un mucchio di cose... questa storia dei Dormienti e del fatto che vi parlate con il pensiero...

– Sei in ritardo – dice Febe. – Penso che tu debba entrare, Jori.

– Ma non vogliamo lasciarti dei dubbi. – Agasia scrive un indirizzo sul retro della foto del capitano Noel. – È il nostro recapito, e puoi trovarci tante altre informazioni, se vuoi.

Jori sorride. – Grazie di avermi raccontato questa storia – dice.

– È una storia che insegna molte cose... – dice Febe, tra sé e sé.

– È vero: insegna che nessun ostacolo può fermare un animo libero. E che i sogni come quelli di Mallory sono pericolosi, perché bisogna essere disposti a rinunciare a tutto, pur di raggiungerli!

– Vieni a trovarci, Jori – aggiunge Agasia, indicandogli la fotografia. Sul retro, c'è scritto:

www.clessidraweb.it

EPILOGO

Jori cammina in un cortile interno del Magdalene College, tra aiuole fiorite. Si chiama Cortile di Mallory.

– Lei è molto giovane, signore – commenta allegro il professore che lo sta accompagnando – per aver vinto il nostro concorso, intendo!

– Allora ho vinto?

Il professore fa un'espressione furbesca e si ferma per esclamare: – Certo che ha vinto! Tra poco, signore... le verrà consegnato il premio di mille sterline!

Jori si sente quasi svenire, ma l'uomo continua a parlare: – Sembra essere una caratteristica del Magdalene College, quella di coltivare alunni prodigiosi. È già al corrente, signore, dell'incarico che intendiamo affidarle?

– Un incarico? No! Di cosa si tratta?

– Glielo diranno meglio i miei colleghi – risponde il professore, riprendendo a far strada – ma so che una spedizione ha rinvenuto in un ghiacciaio del Tibet una vecchia macchina fotografica... una... ah! Come si chiama?

– Una Kodak Vest-Pocket? – domanda Jori, con un brivido.

– È possibile. Comunque sembra che alcuni esperti

siano riusciti ad estrarne alcune fotografie, tutte danneggiate, sa...– Jori si sente improvvisamente le gambe tremare. – Ma qui al College non ci siamo persi d'animo: abbiamo organizzato questo concorso per trovare qualcuno che fosse davvero bravo a lavorare con le immagini e i computer. Al vincitore sarà affidata la ricostruzione di queste foto. Sono... preziose. – Il cortile digrada verso un grande lago. Sull'edificio di lato, c'è una porta chiusa, con una targhetta d'ottone. – Eccoci arrivati – conclude l'uomo, appoggiandosi alla maniglia. – Deve sapere, signore, che si tratta di un evento importante, per il College. La macchina fotografica, infatti, apparteneva ad un nostro ex allievo. Si chiamava George Leigh Mallory.

– Penso di conoscerlo – mormora Jori, stupefatto.

– Allora entriamo, signore?

Jori annuisce: adesso è pronto.

INDICE

I Sette Dormienti

Scopri chi sono e, per sapere di più su di loro, sul loro misterioso passato e sulle avventure che vivranno, entra in *www.clessidraweb.it*

Nome: Agasia

Significato del nome: comando
Caratteristica: è il più carismatico dei Sette Dormienti
Segni particolari: è colui che porta la Clessidra
Poteri speciali: infonde energia fisica e mentale

COLORE: verde

Nome: Calliope

Significato del nome: dalla bella voce
Caratteristica: è la più bella dei Sette Dormienti
Segni particolari: cammina sempre scalza
Poteri speciali: musa ispiratrice

COLORE: giallo

Nome: Febe

Significato del nome: luce della luna
Caratteristica: è la più saggia dei Sette Dormienti
Segni particolari: ha sempre con sé tre antiche monete d'argento
Poteri speciali: telepatia

COLORE: blu

Nome: Leonte

Significato del nome: pelle di leone
Caratteristica: è il più coraggioso dei Sette Dormienti
Segni particolari: ha un cane di nome Psicopompo
Poteri speciali: poteri terapeutici

COLORE: granata

Nome: Megaferne

Significato del nome: colui che porta grandi doni
Caratteristica: è il più forte dei Sette Dormienti
Segni particolari: porta sempre un anello di giada
Poteri speciali: forza straordinaria, è in grado di sollevare fino a dieci volte il suo peso

COLORE: rosso

Nome: Pigrete

Significato del nome: il costruttore
Caratteristica: è il più geniale dei Sette Dormienti
Segni particolari: ha la schiena coperta di cicatrici (e non ama parlarne)
Poteri speciali: inventore

COLORE: viola

Nome: Serapione

Significato del nome: dalla grande risata
Caratteristica: è il più veloce dei Sette Dormienti
Segni particolari: ha un misterioso orologio H5 di cui è gelosissimo
Poteri speciali: sa aprire qualsiasi serratura

COLORE: arancio

I titoli della collana

Il signore dell'Orda

Perché, dopo mille battaglie,
il "Flagello di Dio" si ritirò
a un passo dalla vittoria finale?

Al di là degli oceani

Fu una mappa segreta a guidare
Magellano nel suo "folle" viaggio
intorno al mondo?

Il mistero dell'Everest

Due uomini, Mallory e Irvine,
la montagna più alta del mondo
e un mistero tutto da scoprire.

Verso la nuova frontiera

L'avventura di Mary, schiava
senza nome che prese
il primo treno per la libertà.

ATTENZIONE!

Segnati i due codici scritti sopra il titolo del libro
sul bollino SIAE qui sotto: ti serviranno
per trovare i personaggi segreti
e guadagnare punti sul sito
www. clessidraweb.it

DD 03740037
S 00011045
IL MISTERO
DELL'EVEREST
1°EDIZIONE
PIERDOMENICO
BACCALARIO

IST. GEO.
DE AGOSTINI

La Clessidra n. 2/30023
Pubblicazione a diffusione periodica
Direttore responsabile: Pietro Boroli
Registrazione Tribunale di Novara n. 13/2002 in data 11.02.2002